KB128763

# 왜
## 송나라에서
## 사대부 사회가
### 발전했을까?

교과서 속 역사 이야기, 법정에 서다

**18**
역사공화국
세계사법정

# 왜

악비 vs 송 태조

# 송나라에서
# 사대부 사회가
# 발전했을까?

글 양종국 · 그림 이일선

|주|**자음과모음**

중국 저장 성 항저우에는 악비묘 또는 악묘라고도 불리는 악왕묘가 있습니다. 악비는 여진족이 세운 금나라와 맞서 싸우며 큰 공을 세웠던 남송의 장군이지요. 하지만 그는 모반을 꾀했다는 누명을 쓰고 재상 진회에 의해 억울한 죽음을 당했습니다. 악왕묘는 바로 이런 악비에게 제사를 지내는 곳입니다. 악비를 높이 평가하는 많은 중국인이 찾아오는 이 묘는 사당과 묘원 두 부분으로 나뉘어 있습니다. 그런데 묘원 양옆에는 악비를 모함하여 죽게 만든 진회와 그의 아내 왕 씨, 만사설, 장준이 포승에 묶인 채 무릎을 꿇고 있는 철제 조각상이 있습니다. 옛날에는 이들 철제 조각상에 침을 뱉은 후 악왕묘에 참배하는 사람들이 많았다고 합니다. 그래서 지금은 조각상 앞에 "침을 뱉지 마시오"라는 경고문이 쓰여 있습니다.

최근 악비를 어떻게 평가할지를 두고 중국 정부는 고민에 빠져 있습니다. 중국을 다스렸던 모든 민족을 끌어안으려는 중국의 역사 공정 때문이지요. 악비가 무찌른 금나라의 역사도 중국 역사의 일부라는 입장에서는 금나라에 대항했던 악비를 더 이상 민족의 영웅으로 내세우기 어렵게 된 것입니다. 그리하여 악비의 역사적 위치는 민족의 영웅에서 충성스러운 장군 정도로 바뀌어 가고 있습니다.

악비가 죽은 뒤 누명을 벗고 명예를 회복한 것은 분명합니다. 다만 악비와 그의 가족 및 동료들이 겪었던 고통을 생각하면 때늦은 명예 회복이 그들에게 얼마나 위로가 되었을지 궁금합니다. 악비는 39세의 젊은 나이로 감옥에 갇힌 뒤 살해되었습니다. 양아들 악운과 악비가 거느렸던 군대인 악가군의 간부 장헌은 사형을 당했고요. 그리고 나머지 가족은 광난 지방으로 옮겨 가 살아야 했으며, 그의 집은 몰수되어 국가 교육 기관인 태학으로 변했습니다. 악비를 악왕으로 높이고 제사를 지내거나 그를 죽인 진회와 그 아내의 철제 조각상을 악왕묘 앞에 만들어 사람들이 침을 뱉게 한 것으로 악비의 억울함이 다 풀렸다고 할 수 있을까요?

악비를 죽음으로 몰고 간 직접적인 원인은 물론 당시 재상이던 진회에게 있을 것입니다. 그렇다면 악왕묘 앞에서 진회가 비참한 대접을 받고 있는 오늘날의 모습을 보며 그를 향한 악비의 개인적인 원한은 어느 정도 풀렸을지 모릅니다. 그러나 악비의 억울한 죽음의 보다 근본적인 원인은 송나라 사회의 성격에서 찾아야 합니다. 무인의 힘을 끊임없이 약화시키고 견제하며 문인만을 우대하던 송나라의 사회 분위기 속에서 악비와 같이 뛰어난 무인의 불행은 이미 예정되어 있었습니다. 이러한 의미에서 악비가 겪은 불행의 뿌리를 찾

왜 송나라에서 사대부 사회가 발전했을까?

아보면 송태조 조광윤을 만나게 됩니다.

　송태조는 문치주의 정치를 실시해 송나라에 문인 중심의 사대부 사회가 자리 잡도록 만들었습니다. 그 결과 문인이 아닌 무인의 활동은 송나라에서 인정받기 힘들게 되었습니다. 그러므로 악비가 역사공화국 세계사법정에 송태조 조광윤을 고소한 이번 사건은 언젠가는 일어날 일이었다고 보아도 좋겠지요.

　악비는 송태조에게 무인들을 소외시킨 잘못을 역사 앞에서 인정하라고 요구합니다. 그리고 나라를 위해 싸우다 억울하게 죽은 자신과 자신의 가족 및 동료들에게 적절한 보상을 해 주어야 한다고 주장합니다. 마지막 한을 풀기 위한 악비의 요구와 주장을 송태조는 어떻게 받아들일까요? 자신의 행동이 정당했다고 할지 아니면 잘못을 인정할 것인지요? 원고인 악비나 피고인 송태조 모두 자신을 변론해 줄 변호사와 여러 명의 증인을 준비해 놓았습니다.

　과연 악비는 송태조 조광윤에게서 사죄와 피해 보상을 받아 낼 수 있을까요? 송나라의 문인과 그들이 이룩해 놓은 사대부 사회 전체에 대한 평가가 주요 쟁점이 될 이번 소송은 여러분에게도 '역사 속에서 개인과 국가란 무엇인가?'라는 커다란 주제를 생각해 보게 할 것입니다. 개인이 우선인가 국가가 우선인가? 여러분 각자 고민하며 판결을 내려 보기 바랍니다.

양종국

**차례**

책머리에 | 5
교과서에는 | 10
연표 | 12
등장인물 | 14
프롤로그 | 18
미리 알아두기 | 24
소장 | 26

**재판 첫째 날 중국에서 사대부라는 말이 생겨난 까닭은?**

1. 사대부라는 말은 언제 만들어졌을까? | 30
2. 어떤 사람들을 사대부라고 불렀을까? | 49
3. 사대부의 활동은 어떻게 변해 왔을까? | 53
열려라, 지식 창고_북송과 남송은 다른 나라일까? | 63
휴정 인터뷰 | 64

**재판 둘째 날 문인 사대부가 송나라의 지배층이 된 이유는?**

1. 송나라를 세운 사람들은 누구일까? | 70
2. 왜 송태조는 문인 사대부에게 정치를 맡겼을까? | 82
3. 송나라의 사대부는 어떻게 살았을까? | 93
열려라, 지식 창고_왕안석과 사마광의 정책 대결 | 106
휴정 인터뷰 | 107
역사 유물 돋보기_송나라를 들여다볼 수 있는 유물 | 110


**재판 셋째 날 송나라 사대부 사회는 어떻게 발전했을까?**

1. 신분이 우선일까, 실력이 우선일까? | 116
열려라, 지식 창고_송나라의 과거 제도 | 131
2. 안전이 중요할까, 이익이 중요할까? | 132
휴정 인터뷰 | 144


최후 진술 | 147
판결문 | 152
에필로그 | 154
떠나자, 체험 탐방! | 160
한 걸음 더! 역사 논술 | 162
찾아보기 | 166

당나라 멸망 이후 분열된 중국은 태조 조광윤에 의해 다시 통일되었다. 이것이 바로 송나라이다. 태조는 과거제를 개혁하여 황제가 직접 시험관으로 참여하였으며, 무관보다 문관을 우대하는 문치주의 정책을 폈다. 결과적으로 황제권이 강화되고 유교 지식을 갖춘 사대부가 새로운 지배층이 되었다.

| 중학교 | 역사 | IX. 전통 사회의 발전과 변모 1. 동아시아 전통 사회의 발전과 변모 (1) 송의 발전과 북방 민족의 성장 |
| --- | --- | --- |

송나라의 문치주의 정책은 군사력을 약화시키는 결과를 가져왔으며, 이로 인해 주변 민족의 공격을 자주 받게 되었다. 이후 여진족이 세운 금나라가 요나라를 멸망시킨 다음 송나라를 공격하였고, 송나라는 창장 강 이남으로 이동하게 되었다.

서로 경쟁을 벌이던 5대 10국 시대를 거쳐 후주의 금군 대장이었던 조광윤이 송나라를 건국했다. 송나라는 문인들을 중시하는 문치주의를 확립하였으며 황제의 권한을 강화했다. 뿐만 아니라 송 대에 발달한 인쇄술은 독서인층이 대량으로 생겨나는 데 크게 이바지하였다.

고등학교

세계사

IV. 지역 경제의 성장과 교류의 확대
1. 동아시아 세계의 다원화와 교류
(1) 송 대의 사대부 사회

여진족의 금나라가 화베이 지역을 점령하자 송나라 황제는 남쪽으로 몸을 피했다. 이것이 바로 '남송'이다. 남송은 장군인 악비가 선전하여 여진족이 남쪽으로 내려오는 것을 막아낼 수 있었다. 하지만 악비를 모함한 신하들에 의해 금나라와 화의를 맺었고, 결국 악비는 목숨을 잃고 말았다.

| | |
|---|---|
| 960년 | 태조 조광윤, 송나라 건국 |
| 962년 | 신성 로마 제국 성립 |
| 963년 | 무인이 맡았던 절도사 자리를 문관이 맡기 시작 |
| 979년 | 송태종, 중국 통일 |
| 1069년 | 왕안석, 개혁 정치 시행 |
| 1076년 | 황제 하인리히 4세, 교황 그레고리우스 7세의 폐위 선언 |
| 1077년 | 카노사의 굴욕 |
| 1084년 | 사마광, 『자치통감』 편찬 |
| 1099년 | 십자군, 예루살렘 점령 |
| 1127년 | 북송, 금나라에 의해 멸망 남송 건국 |
| 1131년 | 진회, 재상이 됨 |
| 1141년 | 악비, 감옥에서 사망 |
| 1155년 | 진회 사망 |
| 1169년 | 악비묘 건립 |
| 1206년 | 칭기즈칸, 몽골 제국 세움 |
| 1234년 | 금나라 멸망 |
| 1279년 | 남송 멸망 |

| | |
|---|---|
| **992년** | 국자감 설치 |
| **993년** | 거란, 고려 침입 |
| | 서희, 소손녕과 화약 맺음 |
| **1010년** | 거란, 고려를 다시 침입 |
| **1019년** | 귀주대첩 |
| **1076년** | 전시과 개정 |
| **1102년** | 해동통보 주조 |
| **1107년** | 윤관, 여진 정벌 |
| | 동북 9성 축성 |
| **1126년** | 이자겸의 난 |
| **1135년** | 묘청, 서경 천도 운동 |
| **1145년** | 김부식, 『삼국사기』 편찬 |
| **1170년** | 무신의 난 |
| **1231년** | 몽골, 고려 침입 |
| **1232년** | 강화 천도 |
| **1236년** | 『고려대장경』 새김 |
| **1270년** | 개경 환도 |
| **1285년** | 일연, 『삼국유사』 편찬 |

원고 **악비(1103년~1141년)**

나는 남송의 장군 악비입니다. 재상 진회가 나에게
모반 혐의를 씌워서 억울하게 죽고 말았지요. 하지만
나는 진회가 아닌 송태조에게 소송을 걸었습니다. 내
가 죽은 근본적인 원인을 제공한 사람이 바로 문치주
의 정치를 시작한 송태조, 조광윤이기 때문이지요.

원고 측 변호사 **김딴지**

역사공화국의 명변호사, 김딴지입니다. 송태조의 문
치주의 정치에 어떤 문제점이 있었는지 오늘 내가 확
실하게 밝혀 드리지요.

원고 측 증인 **순자**

춘추 전국 시대의 사상가인 순자입니다. 성악설을 주
장한 걸로 유명하지요. 이번 재판에서 사대부에 대해
설명해 달라는 부탁을 받았어요. 사대부라는 말은 송
나라 이전부터 사용되어 왔답니다.

원고 측 증인 **한통**

나는 제멋대로 황제가 된 송태조가 도성에 들어오는 것을 막다가 전사한 장군 한통입니다. 송태조가 평화롭게 황제가 되었다는 역사의 평가는 잘못되었다는 걸 증언할 겁니다.

원고 측 증인 **조규**

나는 무관 출신이지만 남송에서 재상의 자리에까지 올랐습니다. 사람들은 나의 성공을 부러워했지만 나는 무관이라는 이유로 항상 서러움을 겪었답니다.

판사 **참진리**

역사공화국의 판사, 참진리라고 합니다. 이번 재판에서 악비와 송태조의 이야기를 모두 들어 본 후 공정한 판결을 내리겠어요.

**피고 송태조**(927년~976년, 재위 : 960년~976년)

송나라를 세운 태조, 조광윤입니다. 나는 혼란스러운 나라를 안정시키기 위해 문치주의를 펼쳤어요. 악비의 억울한 심정은 이해하지만 나의 문치주의 정치 때문에 악비가 죽었다는 원고 측 주장에는 동의할 수 없습니다.

**피고 측 변호사 박구자**

송태조의 변호를 맡은 변호사, 박구자입니다. 송태조의 문치주의 정치 덕분에 송나라는 안정을 찾을 수 있었지요. 악비의 주장은 억지 중의 억지라고요.

**피고 측 증인 사마광**

나는 송나라의 정치가입니다. 전국 시대부터 송나라 이전의 5대 10국 시대까지 1362년간의 역사를 정리한 『자치통감』을 썼지요.

**피고 측 증인 부견**

5호 16국 시대에 전진 왕조의 황제였던 부견이올시다. 나는 덕치주의 정치를 펼쳐 훌륭한 황제라는 칭찬을 많이 받았지요. 하지만 나의 최후는 불행하기 짝이 없었답니다.

**피고 측 증인 왕안석**

송나라의 문인 관료였던 왕안석입니다. 송나라를 발전시키기 위해 신법이라는 개혁 정책을 내세웠어요. 송나라 사대부들은 문치주의 정치 덕분에 자유롭게 다양한 활동을 할 수 있었답니다.

**피고 측 증인 진회**

악비를 죽음에 이르게 한 재상 진회입니다. 악비가 내가 아닌 송태조에게 소송을 걸었다는 이야기를 듣고 조금 놀랐지요. 사람들은 악비가 나 때문에 억울한 죽음을 당했다고 생각하지만 나는 나라의 안정을 위해 어쩔 수 없는 선택을 한 거예요.

# "악비가 송태조에게
# 소송을 건 이유는 무엇일까?"

여기는 영혼들이 모여 사는 역사공화국.

역사공화국의 서쪽 변두리에 위치한 세계사법정은 웅장한 크기 뿐만 아니라 유리 기와로 된 지붕과 처마의 고풍스러운 자태로도 유명하다. 또 넓고 조용하면서도 엄숙함이 깃든 정원에는 수백 년은 됨 직한 아름드리 느티나무와 홰나무가 몇 그루 있어 운치를 자아낸다. 새들도 많이 날아온다. 그리고 철마다 꽃과 향기와 열매를 자랑하는 화초와 정원수들은 찾아온 이의 발길을 오래도록 머물게 한다.

건물과 정원의 아름다움 말고도 사람들이 세계사법정을 자주 찾는 이유는 또 있다. 전 세계의 수많은 영혼들이 억울한 사연을 갖고 모이다 보니 흥미를 끄는 역사 사건들이 법정에서 많이 다루어지기 때문이다.

지금도 한 소송이 사람들의 관심을 끌고 있다. 악비와 송태조 조광윤의 재판이 그것이다. 어째서 남송의 장군 악비는 자신을 죽게 한 당시의 남송 황제 고종이나 재상으로 있던 진회가 아니라 자신보다 180년 정도나 앞서 살며 송나라를 세운 송태조를 고소했을까? 악비를 잘 안다고 자부하는 사람들도 정확한 내막을 모르고 있었다. 많은 사람이 이 재판이 열리기를 기다리는 이유가 바로 여기에 있다.

사람들이 이 재판에 관심을 갖는 이유가 또 한 가지 있다. 김딴지 변호사와 박구자 변호사가 이 재판의 변론을 맡는다는 소문이 역사공화국에 퍼졌기 때문이다. 악비의 변론을 맡은 김딴지 변호사는 대단한 집념의 소유자다. 자신이 변론을 맡은 사건은 재판 전에 관련 자료를 수집해 철저히 분석하고 연구하는 데 온 힘을 기울였다. 재판 과정에서 공격적인 변론으로 상대방을 힘들게 하는 일도 많았다.

사실 김딴지 변호사는 요즈음 송나라 사대부는 물론 중국의 역사 속에 자리 잡고 있는 각 시대의 지배층에 대해 조사하고 관련 연구자들을 찾아다니며 궁금증을 푸느라 밤낮으로 바쁘다.

박구자 변호사는 때로는 봄바람처럼 때로는 잔잔하게 흐르는 물처럼 부드러우면서도 도도한 성품을 지녔다. 그녀의 이러한 성품은 재판 과정에서 커다란 장점이 되었다. 상대방의 매서운 공격이 그녀의 말솜씨 앞에서 봄바람에 눈 녹듯이 힘을 잃게 되는 것이다. 김딴지 변호사 못지않게 그녀 역시 변호사로서 높은 승률을 자랑했다.

법정에서 박구자 변호사를 지켜본 사람들은 그녀의 감미로운 목소리를 오래도록 기억했다. 그녀가 복도를 지나갈 때 여러 사람이 그녀에게 인사를 건네는 것도 다 그러한 이유 때문이다. 그러나 부드러움 속에 강함이 있다는 말처럼 법정에서 변호하는 그녀에게서는 한 치의 양보도 찾아볼 수 없다.

악비가 김딴지 변호사를 통해 고소해 오자 송태조 조광윤은 주위의 권유에 따라 박구자 변호사에게 변론을 맡겼다. 특히 백제의 마지막 왕인 의자왕의 적극적인 추천을 받고 송태조는 그녀의 사무실을 찾아갔다.

'똑똑똑.'

"여기가 박구자 변호사 사무실입니까?"

송태조가 문을 두드리고 사무실 안으로 들어가자 지난 재판을 정리하고 있던 박구자 변호사가 호기심 어린 눈으로 송태조를 쳐다보았다.

"맞습니다. 그런데 누구신지요?"

"나는 송나라를 세운 태조 조광윤입니다. 박구자 변호사에게 사건을 의뢰하려고 이렇게 찾아왔소."

"송태조요? 그럼 악비에게 소송을 당하셨다는 소문이 사실이었나 보군요."

"그렇소. 사실 악비와 나는 살아 있을 때 서로 만난 적도 없는 사이인데 이번에 소송을 당해서 얼마나 당황했는지 몰라요."

"저도 소문을 듣고 믿을 수가 없었답니다. 악비가 진회에게 소송을 걸었다면 이해할 수 있지만 아무 잘못도 없는 송태조께 소송을

왜 송나라에서 사대부 사회가 발전했을까?

걸다니요. 정말 억울하시겠어요.”

"박 변호사가 내 심정을 이해해 주니 내 마음이 한결 편해졌소. 사실 나는 처음에 박 변호사를 찾아오는 것을 망설였소. 이번 소송에서는 복잡한 정치 문제가 많이 다루어질 텐데, 내가 살던 송나라에서는 어린 황제가 즉위해 그 어머니인 황태후가 나랏일을 대신 처리하던 몇 번의 짧은 기간을 빼고는 거의 남성이 정치를 주도했지요. 그런 시대에 살던 내게는 박구자 변호사가 여성이라는 점이 마음에 걸리지 않을 수 없었어요. 더구나 원고 측 변호인은 공격적인 변론으로 유명한 김딴지 변호사라오. 공격보다는 방어에 주로 힘써야 할 나의 입장에서는 튼튼한 방어막이 필요한데, 박구자 변호사가 그러한 역할을 잘해 줄 수 있을까 의문이 들기도 했소. 하지만 이렇게 박 변호사를 만나니 내 생각이 잘못되었다는 걸 깨달았소. 이제 나는 박 변호사만 믿겠소."

박구자 변호사의 부드러운 겉모습 속에 숨어 있는 강인함과 냉정함을 발견한 송태조가 박구자 변호사를 찾아오길 잘했다는 표정으로 이야기했다.

"불을 끄기 위해서는 물을 사용해야 하지요. 불처럼 열정적인 김딴지 변호사에게는 물처럼 부드러우면서도 동시에 강하고 냉정한 저 같은 변호사가 효과적인 상대일 겁니다. 제가 최선을 다해 변호할 테니 아무 걱정 마세요."

그리하여 송태조의 변론을 맡기로 한 박구자 변호사는 하루의 대부분을 중국 황제들이 권력을 어떻게 사용했는지 조사하며 보내게 되었다. 김딴지와 박구자 두 변호사 모두 자신의 의뢰인을 위해 최선을 다하고 있는 것이다.

조만간 시작될 악비와 송태조 조광윤의 재판에서는 과연 어떠한 이야기들이 오갈까? 또 김딴지 변호사와 박구자 변호사는 자신들의 의뢰인을 위해 어떠한 논리로 공방전을 벌일까?

그럼 이제 재판이 열리는 그날의 세계사법정으로 우리 함께 출발해 보자.

왜 송나라에서 사대부 사회가 발전했을까?

# 역사 속 송나라의 여러 모습

　이연에 의해 건국된 당나라가 멸망한 뒤 중국은 다시 분열되어 다툼을 벌이게 됩니다. 이 시기를 '5대 10국 시대'라고 하는데, 5대는 중원을 차례로 지배한 후량, 후당, 후진, 후한, 후주를 가리키고, 10국은 주로 남중국에 포진하였던 나라들을 말해요. 그런데 이 중 후주의 금군 대장이었던 조광윤이 정변을 일으켜 송나라를 건국하게 되었고 이후 중국을 다시 통일하는 과업을 이루었지요.

　송나라를 세운 조광윤은 황제의 권한을 높이는 것을 중요하게 여겼어요. 그래야 당나라처럼 멸망하지 않으리라 생각했기 때문이에요. 그래서 정규군을 모두 금군에 편입시켜 황제가 군사권을 장악하였고, 과거제를 개선하여 황제권을 강화하는 데 활용하였지요. 이 과정에서 가문보다 학식을 기반으로 하는 사대부 계층이 성장하였고 독서인층이 대량으로 늘어나게 되었답니다.

　송나라는 처음에는 카이펑을 도읍으로 삼았으나, 이후 금이 화베이를 점령하자 강남으로 옮겨 임안을 도읍으로 삼았지요. 그래서 카이펑 시대를 북송, 임안 시대를 남송이라고 합니다. 뿐만 아니라 송나라대에는 세계사적으로 아주 중요한 발명품들이 만들어졌어요. 바로 '활자', '화약', '나침반'이 그것이랍니다. 송나라에서는 점토나 나무를 이용한 활자가 발명되고 이를 이용한 활판 인쇄술이 개발되어 책과 지식의 보급에 기여하였지요. 그리고 화약을 화기로 이용한 것이 송나라 때부터였으며, 나침반이 발명되어 신항로 개척에도 영향을 주었답니다.

이렇게 송나라는 당나라 멸망 이후 분열된 중국을 다시 통일한 나라이며, 황제권을 강화하고자 한 나라이고, 사대부가 새로운 지배층으로 떠오른 나라이자 세계사에 큰 영향을 미친 3대 발명품을 만든 나라이기도 하지요.

| 원고 | 악비 | 대리인 | 김딴지 변호사 |
| 피고 | 송태조 | 대리인 | 박구자 변호사 |

## 청구 내용

나는 남송의 무관으로서 송나라를 침략한 금나라를 물리치기 위해 목숨을 아끼지 않고 싸웠습니다. 그러다 보니 전쟁에서 여러 번 승리를 거두었고 나를 따르는 병사도 많아졌습니다.

그런데 재상인 진회는 나와 같은 무관들의 힘이 강해지는 것을 두려워했습니다. 그리하여 나는 39세의 젊은 나이에 반역의 누명을 쓰고 감옥에 갇혔다가 독살당하는 불행을 겪었습니다. 다행히 30년 가까운 세월이 흐른 다음 진회의 잘못이 온 세상에 드러났고 사람들은 나의 억울함을 풀어 주었습니다. 그러므로 진회를 상대로 새삼스럽게 분풀이를 하고 싶은 생각은 없습니다.

그렇지만 내 마음속에는 여전히 억울함과 답답함이 남아 있습니다. 나는 이것을 풀기 위해 송태조를 세계사법정에 고소합니다. 진회와 같은 문관들이 활개를 치고 나와 같은 무관들은 차별 대우를 받으며 불행한 삶을 살 수밖에 없었던 송나라 사회를 만든 장본인이 송태조이기 때문입니다. 나라를 운영하는 일은 문관에게 맡기고 나라를 지키는 일은 무관에게 맡겨야 합니다. 그런데 송태조는 자신의 권력을 강화시키기 위해 무관을 배척하고 문관만 우대하는 문치주의 정치를 실시했습니다. 그 결과 송나라에서는 문인이 우대받고 무인은 천대받는 사대부 사회가 자리 잡게 되었고 이로 인해 나라의 힘은 많이 약해졌습니다.

송나라와 내가 겪은 불행은 모두 송나라가 문인 중심의 사대부 사회로 발전했기 때문에 일어났던 일입니다. 그렇다면 이러한 불행에 대한 책임도 문인 중심의 사대부 사회를 출현시킨 송태조가 져야 하지 않을까요? 이에 문관만 우대하고 무관을 배척하여 나라를 불행에 빠뜨린 권력 남용의 죄와, 내 고통의 근본적인 원인 제공자로서의 책임을 묻기 위해 송태조를 고발합니다. 송태조가 자신의 잘못을 역사 앞에 사죄하고 나와 내 가족 및 동료들에게 합당한 피해 보상을 하도록 현명한 판결을 내려 주시기 바랍니다.

## 입증 자료

- 중학교 역사 교과서
- 고등학교 세계사 교과서
  그 외 자료 추후 제출하겠음.

위 청구인 악비
역사공화국 세계사법정 귀중

# 중국에서 사대부라는 말이 생겨난 까닭은?

1. 사대부라는 말은 언제 만들어졌을까?
2. 어떤 사람들을 사대부라고 불렀을까?
3. 사대부의 활동은 어떻게 변해 왔을까?

교과 연계

역사
Ⅸ. 전통 사회의 발전과 변모
　1. 동아시아 전통 사회의 발전과 변모
　　(1) 송의 발전과 북방 민족의 성장

# 1

## 사대부라는 말은
## 언제 만들어졌을까?

악비와 송태조의 첫 번째 재판이 열리는 날, 세계사법정은 두 사람의 재판을 보러 온 방청객으로 가득 찼다.

"사람 정말 많다! 그런데 악비 장군이 송태조를 고소할 일이 뭐가 있나? 송태조는 악비 장군보다 176년 전에 태어난 사람이잖아? 두 사람은 서로 만난 적도 없을 텐데. 그리고 송태조는 백성을 끔찍이 위해 주고 사람 좋기로도 소문난 분 아닌가?"

"그러게 말이야. 나도 그 점이 궁금해서 이렇게 왔네. 악비 장군이 송태조를 고소했을 때는 무언가 이유가 있을 텐데…….'"

"이보게들, 정말 아무 얘기도 못 들은 거야? 송태조가 문관만 우대하는 정치를 했기 때문에 악비 장군이 억울하게 죽었다고 하잖아. 그런 걸 문치주의 정치라고 하지."

왜 송나라에서 사대부 사회가 발전했을까?

"그게 무슨 자다가 봉창 두드리는 소린가? 송태조가 타임머신을
타고 돌아다닌 것도 아니고, 어떻게 180년 전에 실시한 송태조의 문
치주의 정치가 악비 장군을 죽게 만들었다는 거야? 억지가 너무 심
한 것 아냐?"

"그래도 무슨 억울한 일이 있으니까 소송을 걸었겠지. 재판을 해
보면 이유가 드러날 것 아닌가? 함부로 떠들지들 말게."

재판이 시작되기도 전에 이미 방청석에서는 말싸움이 벌어지고
있었다.

**재상**

왕 곁에서 나랏일을 돕고 다른 관리들을 감독하던 높은 벼슬아치를 말합니다.

**태학**

오늘날의 대학과 같은 교육 기관입니다. 송나라의 태학에서는 박사를 비롯한 여러 선생님들이 학생들을 가르쳤지요. 송나라 때는 국자학이라는 교육 기관도 있었답니다.

"조용히 하세요. 판사님이 들어오십니다."

법정 경위의 말에 방청객들은 모두 조용해졌다. 검은 법복을 입은 중년의 여성 판사가 들어와 법정 앞 한가운데 있는 높은 의자에 앉자 배심원과 방청객들도 각자의 자리에 앉았다. 잠시 침묵이 흐른 후 판사가 입을 열었다.

판사 원고 측 변호인, 오늘 소송 내용은 무엇입니까?

김딴지 변호사 오늘 사건은 중국 남송의 장군, 악비의 억울한 죽음에 대한 책임을 묻는 소송입니다. 원고인 악비 장군은 나라를 위기에서 구하기 위해 적과 싸우며 전쟁터에서 많은 승리를 거두었습니다. 그러나 당시 재상이던 진회의 모함 때문에 반역의 누명을 쓰고 감옥에서 살해당하는 불행을 겪었습니다. 이 사건으로 원고의 양아들과 부하까지 사형을 당했습니다. 원고의 남은 가족은 모두 집에서 쫓겨났고, 그 집은 국가의 교육 기관인 태학으로 변했습니다. 집안 전체가 풍비박산이 난 것이지요. 원고는 진회를 결코 용서하지 못할 것입니다.

다만 많은 사람들이 원고의 억울함을 알고 세월이 흐른 뒤 그의 억울함을 풀어 주기 위해 악비묘를 세웠습니다. 또 원고를 악왕으로 높여 부르며 명예도 회복시켜 주었습니다. 그래서 악비묘를 악왕묘라고 부르게 된 것이지요. 원고를 죽게 만든 무리인 진회와 그의 아내 왕 씨, 그리고 만사설과 장준에 대해서는 손을 뒤로 한 채 무릎을 꿇고 포승에 묶인 철제 조각상을 만들어 악왕묘 양쪽에 놓아두었습

32 ● 왜 송나라에서 사대부 사회가 발전했을까?

악왕묘에 있는 악비의 동상

진회(오른쪽)와 그의 아내 왕 씨

니다. 사람들로부터 영원히 수모를 당하며 자신들의 죄를 반성하도록 한 것이지요. 이러한 이유로 원고도 이들의 잘못을 새삼스럽게 문제 삼을 생각은 없습니다.

**판사**    원고 측 변호인, 발언 내용이 장황하군요. 본 사건의 요점만 간단히 말씀해 주세요.

**김딴지 변호사**    그럼 요점만 말씀드리겠습니다. 존경하는 판사님, 그리고 배심원 여러분, 당시 재상이었던 진회는 원고 악비에게 개인적인 원한이 있어서 누명을 씌웠을까요? 두 사람 사이의 문제는 개인적인 것이 아니었습니다. 송나라의 사회 성격에서 문제의 원인을 찾아야 합니다. 다시 말해 이 사건은 무인을 차별하고 견제했던 문인 중심의 송나라 사대부 사회가 강력한 신흥 군벌로 떠오르는 원고를 그대로 둘 수 없어서 일어난 것입니다. 진회는 그러한 송나라 사회를 대표하는 입장이었던 셈이지요. 충성을 다해 나라에 보답하겠

**군벌**
강력한 군사력을 지니고 있는 군인 집단을 뜻합니다.

다는 의미의 '진충보국(盡忠報國)'이라는 글자를 등에 문신으로 새기고 적과 싸우던 원고는 자신이 그토록 사랑했던 송나라 사회로부터 버림받아 죽게 된 겁니다. 이번 사건의 핵심은 바로 여기에 있습니다.

김딴지 변호사는 피고석에 앉아 있는 송태조를 똑바로 바라보며 말을 이었다.

김딴지 변호사　　원고와 같은 무관을 불행하게 만든 장본인은 본 법정에 피고로 나와 있는 송태조 조광윤입니다. 피고는 자신의 권력을 유지하기 위해 무관을 배척하고 문관을 우대하는 문치주의 정치를 펼쳤습니다. 그 결과 송나라에서는 문인 중심의 사대부 사회가 자리 잡았고 무인들은 차별 대우를 받았지요. 원고는 송나라를 위해 충성을 바쳤음에도 바로 그러한 사대부 사회의 희생양이 되어 죽음을 당한 것입니다. 따라서 원고 자신과 동료 및 가족이 겪은 고통에 대한 책임이 사대부 사회를 만든 피고 송태조에게 있다고 판단하여 피고를 고소하게 되었습니다. 이번 재판에서 모든 잘잘못이 밝혀져 피해자들의 아픔이 풀렸으면 합니다.

김딴지 변호사가 송태조 조광윤에게 소송을 건 이유를 설명하자 방청석이 술렁거렸다.

"아니, 악비 장군이 송나라 사대부 사회의 희생양이 되어 죽었다고? 또 송태조 때문에 그런 일이 생겼으니 송태조가 책임을 져야 한

다고? 머리가 나빠서 그런지 도통 못 알아듣겠군."

"나는 김딴지 변호사의 말을 들으니 진회가 어째서 악비 장군을 그렇게 짓밟았는지 알 것 같네. 이번 재판에서 악비 장군의 죽음에 대한 비밀이 풀릴 것도 같은데."

판사　　조용히 해 주기 바랍니다. 매끄러운 재판 진행을 위해 모두들 협조해 주십시오.

판사의 말에 방청석은 다시 조용해졌다.

판사　　원고 측 변호인의 재판 청구 이유를 잘 들었습니다. 그럼 원고 악비에게 발언 기회를 주겠습니다. 권력을 남용하고 원고의 죽음에 원인을 제공한 혐의로 피고를 고소했는데, 그 이유를 본인의 입으로 분명하게 이야기해 주시기 바랍니다.

방청객과 배심원의 시선이 일제히 악비를 향했다. 39세의 젊은 나이에 억울하게 죽은 악비가 침통한 표정으로 자리에서 일어나자 조용한 가운데 안타까움이 섞인 한숨 소리가 방청석 곳곳에서 새어 나왔다.

악비　　한 나라의 장군이 그 나라를 세운 황제를 고소한다는 것은 괴로운 일입니다. 하지만 송태조도 자신의 결정이 얼마나 잘못된 결

　　왜 송나라에서 사대부 사회가 발전했을까?

과를 가져왔는지 알아야 할 것 같아서 내 억울함도 호소할 겸 이 자리에 섰습니다. 황제가 되기 전 송태조는 무인으로 절도사 자리에 있었습니다. 그런데 황제가 된 뒤에는 황제권을 강화하기 위해 무인 세력을 억누르고 문치주의 정치를 실시했습니다. 문치주의로 송태조의 권력이 강해진 것은 분명합니다. 그러나 이 문치주의가 송나라를 문인 중심의 사대부 사회로 만들면서 문제가 발생했습니다.

판사 무슨 문제가 발생한 건가요?

악비 문인과 무인은 나라를 위해 모두 필요한 사람들임에도 송나라에서는 무인을 차별 대우한 것입니다. 무인을 차별하는 사회에서 군사력이 강해질 수 있을까요? 그런 사회 분위기 속에서도 나라가 위험에 빠졌을 때 나와 같은 무관들은 여전히 전쟁터에 나가 몸 바쳐 싸웠습니다. 그러나 돌아온 것은 진회와 같은 문관들의 모함과 배신, 그리고 죽음이었습니다. ▶송나라가 국내의 경제 발전에도 불구하고 여러 유목 민족의 침입에 시달리다가 끝내 몽골족에게 멸망한 것은 문인 중심의 사대부 사회가 가진 문제 때문입니다. 결국 송나라가 겪은 국가적 불행과 나와 같은 무관들이 감수해야 했던 고통의 근본적인 원인 제공자는 송나라를 문인 중심의 사대부 사회로 만들어 놓은 송태조임이 분명합니다. 그러니 본 법정에서 피고 송태조의 잘못과 내 억울한 죽음에 대한 진실이 밝혀져서 그에 맞는 피해 보상을 받게 되기를 바랍니다.

절도사
절도사는 당나라에서 지방의 군권을 차지했던 사람들입니다. 나중에는 지방의 재정, 사법 등을 모두 차지하면서 세력이 커졌지요. 절도사의 세력이 커지자 당나라의 중앙 집권 체계가 흔들렸습니다.

교과서에는

▶ 후주의 절도사였던 조광윤은 송나라를 건국하고 문치주의 정치를 펼쳤지요. 무관의 역할이던 절도사 자리에 문관을 임명하고 과거 제도를 철저하게 시행했습니다. 그 결과 송나라는 국방력이 약해져서 유목 민족의 공격을 받았어요.

판사     원고의 진술에 따르면 피고인 송태조가 자신의 권력을 강화하려는 목적으로 문치주의 정치를 펼치며 문관만 우대하고 무관들을 배척한 것이 권력 남용이라는 지적이군요. 그로 인해 무인들이 차별 대우를 받는 사대부 사회가 형성되어 송나라는 물론 원고와 같은 무관들도 불행한 운명에 빠지게 되었다는 것이고요. 그러니 국가나 원고가 감수해야 했던 고통의 근본적인 원인 제공자라고 할 수 있는 피고 송태조의 잘잘못을 분명히 밝히고 합당한 피해 보상도 받게 해 달라…… 원고 측의 뜻은 잘 알았습니다. 그렇다면 이제 피고 측 이야기를 들어 볼까요? 피고 측 변호인, 말씀하십시오.

**박구자 변호사**     존경하는 판사님, 배심원 여러분, 원고 측의 진술을 듣고 무엇을 느끼셨습니까? 오늘 피고로 출석한 송태조가 억울하겠다는 생각이 들지 않나요? 원고의 지적처럼 피고도 황제가 되기 전에는 무관이었습니다. 또 자신을 따르는 무관들의 추대를 받아 황제의 자리에 올랐습니다. 그런 피고가 자신의 권력을 강화하려는 개인적인 욕심에서 문치주의 정치를 실시해 무인들의 힘을 약하게 만들었을까요? 피고는 새로운 나라를 세우고 황제가 되었습니다. 한 나라를 책임져야 할 최고 통치자인 황제가 된 것입니다. 당연히 자신이 세운 나라를 아끼고 그 나라가 안전하게 오래 발전해 나가기를 원했겠지요. 피고가 문치주의 정치를 실시한 가장 중요한 이유는 바로 여기에 있습니다. ▶5대 10국의 혼란스러운 무인 시대를 경험한 피고로서는 무관을 억누르고 문관을

**교과서에는**

▶ 당나라는 10세기 초에 주전충이라는 절도사에 의해 멸망했습니다. 주전충이 후량을 세우자 다른 절도사들도 모두 독립했지요. 결국 중국은 50여 년간 분열을 겪었는데 이를 5대 10국 시대라고 합니다. 5대 10국 시대의 혼란 속에서 귀족 세력은 점점 몰락했고 대신 군인과 신흥 세력이 등장하여 사회를 지배했습니다.

       왜 송나라에서 사대부 사회가 발전했을까?

우대하는 문치주의 정치가 나라의 안정에 무엇보다 필요하다는 생각을 할 수밖에 없었을 겁니다. 이러한 판단에 따라 내린 결정을 단순히 개인적인 욕심으로 받아들여 피고가 권력을 남용한 것이라 주장할 수 있을까요?

박구자 변호사의 변론이 여기에 이르자 방청석이 다시 술렁거렸다.
"역시 박구자 변호사야. 똑소리 나는데!"
"재판 결과가 어떻게 될지 정말 궁금하구먼."

판사    다시 한 번 말합니다. 재판 중에 잡담은 일절 금하니 정숙해 주세요. 그리고 피고 측 변호인은 계속 변론해 주세요.

박구자 변호사의 달변이 이어지자 호기심이 발동한 방청객들은 모두 박구자 변호사를 바라보았다. 김딴지 변호사는 좀 더 지켜보자는 듯 느긋한 표정으로 앉아 있었다.

박구자 변호사    존경하는 판사님, 그리고 배심원 여러분, 어느 나라, 어느 시대에서도 단점이 전혀 없는 완벽한 정치를 실시한 예는 찾아볼 수 없습니다. 각자 상황에 맞추어 최선의 정치를 할 수밖에 없는 것입니다. 송태조에게는 문치주의 정치가 최선이었습니다. 그러다 보니 송나라가 문인 중심의 사대부 사회로 발전했고 그래서 군사력이 약해지고 악비와 같은 무관들이 어려움을 겪은 것도 사실입니다. 그렇지만 이는 송나라가 겪을 수밖에 없었던 시대적인 운명이 아니었을까요? 피고의 문치주의 덕분에 송나라는 5대 10국의 혼란을 벗어나 안정을 찾았습니다. 피고의 문치주의 정치를 평가할 때 이 점을 참고해 주셨으면 합니다.

판사    원고 측 주장에 대한 피고 측 변호인의 반론을 잘 들었습니다. 이번에는 소송 당사자인 피고 송태조의 생각을 들어 보겠습니다.

방청객과 배심원들의 시선이 모두 송태조에게로 향했다. 그는 악비보다 176년이나 앞서 태어났다. 그러나 영혼의 나라인 역사공화

왜 송나라에서 사대부 사회가 발전했을까?

국에 온 뒤에는 모든 영혼들이 더 이상 나이를 먹지 않는다. 그래서 34세의 젊은 나이에 송나라를 세운 뒤 16년간 황제로 있다가 50세에 죽은 조광윤이 39세에 죽은 악비보다 열 살 정도밖에 나이가 많아 보이지 않았다.

중국 자금성 박물관에 있는 송태조 초상화

송태조    한 인간으로서 나도 부족한 점이 많습니다. 그러나 오늘의 소송은 너무 뜻밖이군요. 내가 나라를 어려움에 빠뜨리고 무관들을 불행하게 만들려는 의도로 문치주의 정치를 실시했다고 생각할 사람이 정말 있을까요? 나를 고소한 원고 악비나 원고 측 변호인도 그렇게 생각하지는 않으리라고 봅니다. 세상의 모든 일에는 밝은 면과 어두운 면이 있습니다. 내가 무관들의 힘을 약화시킨 것은 사실입니다. 또 문치주의 정치를 실시하여 문관을 우대해 주면서 황제권을 키웠던 사실도 인정합니다. 그러나 이는 내 개인적인 욕심을 채우기 위해서가 아닙니다. 내가 세운 송나라가 계속 발전할 수 있도록 안정적인 기반을 마련하는 데 필요하다고 판단하여 추진한 것이지요. 내가 실시한 문치주의 정치에 힘입어 사회의 지배층으로 새롭게 자리 잡은 사대부들이 황제를 도와 송나라의 안정과 발전에 중요한 영향을 미쳤다는 사실은 이미 역사가 증명하고 있습니다. 나의 선택이 잘못되지 않았음을 보여 주는 확실한 증거이지요.

이때 김딴지 변호사가 송태조의 말을 가로채고 나섰다.

**김딴지 변호사**　피고는 핵심을 말해 주세요. 피고의 말처럼 문치주의 정치로 인해 사대부라는 새로운 지배층이 생겼고 그들이 송나라 발전에 중요한 영향을 끼쳤다는 사실을 모르는 사람이 있을까요? 오늘의 소송은 문치주의 정치의 어두운 면을 문제 삼는 것입니다. 설마 피고는 밝은 면만 내세우고 어두운 면은 외면하려는 건 아니겠지요? 좋은 결과 못지않게 나쁜 결과에 대해서도 피고는 책임을 져야 할 것입니다.

**박구자 변호사**　이의 있습니다! 원고 측 변호인은 고의로 피고의 진술을 방해하고 있습니다. 원고 측 주장이 타당한지를 밝히려면 피고 측에서도 좋은 결과와 나쁜 결과를 모두 조사하여 비교해 보아야 합니다. 존경하는 판사님, 나쁜 결과만을 강조하면서 재판의 흐름을 끊는 원고 측 변호인에게 주의를 주시기 바랍니다.

**판사**　네, 받아들입니다. 이번 소송을 해결하기 위해서는 무엇보다 먼저 피고가 실시한 문치주의 정치의 좋은 점과 나쁜 점을 정확히 알아야 합니다. 아직 피고의 발언이 끝나지 않은 것 같은데 계속 말씀하세요.

**송태조**　나는 한 나라를 책임져야 할 황제였습니다. 최고 권력자인 황제에게는 그 권력에 못지않은 의무와 책임이 따른다는 것도 알고 있었고요. 나는 내 통치 행위로 인해 발생한 결과에 대하여 밝은 면이든 어두운 면이든 모두 책임질 준비가 되어 있습니다. 그러나 원고 측의 두 가지 고발 내용, 즉 권력 남용 죄와 원고의 억울한 죽음에 대한 원인 제공 혐의는 인정할 수 없습니다. 원고의 죽음은 내가 의도하지도, 바라지도 않았던 일이고, 또 나의 통치 행위와 직접 관련된 문제가 아닙니다. 내가 원고 측의 주장을 인정할 경우 나뿐만 아니라 세계의 모든 통치자들이 이와 비슷한 문제로 법정에 불려 나올 것입니다. 판사님과 배심원 여러분의 현명한 판단을 부탁드립니다.

판사    원고 측과 피고 측 모두의 주장을 들어 보았습니다. 분명한 차이가 느껴지는군요. 원고 측에 따르면, 국가를 운영하기 위해서는 문인과 무인이 모두 필요한데 피고가 자신의 권력을 강화하려는 개인적인 욕심으로 무관을 배척하고 문관만을 우대하는 문치주의 정책을 채택했다는 것이군요. 그 행위가 바로 권력 남용이라는 것이고요. 그리고 이로 인해 국가는 시련을 겪고 무관들은 차별 대우를 받고 원고는 억울한 죽음을 당했으니, 그 원인 제공자인 피고가 책임을 지라는 주장입니다. 이에 비해 피고 측은 문치주의 정치가 개인적인 욕심이 아니라 국가의 안정과 발전을 위한 최선의 선택이었다고 주장했습니다. 따라서 피고가 권력을 남용했다거나 원고의 죽음에 근본적인 원인을 제공했다는 주장에 동의할 수 없다는 입장입니다. 피고의 통치 행위가 개인적인 욕심이었나 국가를 위한 최선의 선택이었나, 이것이 문제로군요. 개인과 국가, 또는 정치와 권력이라는 쉽지 않은 주제를 만나게 되었습니다.

유가
공자의 학설과 학풍을 공부하는
사상, 혹은 공부하는 사람들을
뜻합니다.

판사의 말을 듣고 이번 재판이 열리게 된 이유를 비로소 알게 된 많은 방청객들이 고개를 끄덕였다. 방청석의 분위기는 이제 한결 더 진지해졌다.

판사　문치주의 정치가 실시된 이유를 둘러싸고 원고 측과 피고 측이 서로 다른 주장을 하고 있어서 결론을 내리기가 어려운 형편입니다. 사실 황제는 개인이면서 동시에 국가를 상징하는 존재입니다. 그러니 황제의 정치 활동이 개인적인 것이냐 국가적인 것이냐를 구분하는 것 자체가 쉬운 일이 아닙니다. 그렇다면 방법은 하나입니다. 문치주의 정치로 인해 등장한 송나라의 사대부 사회 자체를 조사해 보는 것이지요. 사대부 중심의 사회였던 송나라에서 개인과 국가 모두를 대표할 수 있는 지배층이 사대부였습니다. 따라서 본 법정에서는 사대부에 대한 집중적인 조사를 통해 이번 소송을 해결해 보려 합니다. 그럼 먼저 중국의 역사에서 사대부라는 말이 생겨난 시기와 그 이유에 대해 알아보도록 하죠. 원고 측 변호인, 발언해 주시겠습니까?

김딴지 변호사　네, 판사님. 교과서를 살펴보면 사대부라는 말은 송나라 때 처음 나옵니다. 그래서 이 말에 대해 송나라 때 만들어진 것으로 생각하는 사람들이 많지요. 그러나 중국 역사에서 사대부라는 말은 이미 오래전부터 사용되어 왔습니다. 전국 시대 말기에 활동한 유명한 유가 사상가인 순자를 증인으로 불러 자세한 설명을 듣고자 합니다. 허락해 주십시오.

판사　사대부라는 말이 송나라 이전부터 사용되고 있었다니 뜻밖이군요. 증인 순자는 나와서 선서를 해 주세요.

순자　나는 진실만을 말할 것을 선서합니다.

김딴지 변호사　증인은 중국의 전국 시대 말기에 활동한 대표적인 유가 사상가이지요? 사람은 나쁜 성품을 가지고 태어난다는 '성악설'을 주장했고요. 증인이 살던 시대를 보통 춘추 전국 시대라고 부르는데요. 춘추 전국 시대에 대해 설명해 주시겠습니까?

순자　▶은나라를 멸망시키고 중국을 지배한 **주나라**가 허약해진 틈을 타 지방의 실력자인 제후들이 제각기 독립하여 치열하게 싸웠던 550여 년의 혼란한 시대를 춘추 전국 시대라고 합니다. 크게 보면 하나의 시대이지만 춘추 시대와 전국 시대는 다른 점도 많습니다. 가장 큰 차이는 주나라에 대한 태도입니다. 춘추 시대의 제후들은 서로 싸우면서도 주나라 왕의 권위는 존중해 주었습니다. 이에 비해 전국 시대에는 제후들이 주나라 왕의 권위를 완전히 무시한 채 중국 전체를 자기 것으로 만들려고 싸웠습니다. 주나라는 정치 질서가 무너진 것은 물론이고 다른 나라에게 공격당하기까지 했습니다. 강한 자가 약한 자를 잡아먹는, 말 그대로 약육강식의 시대였지요. 나는 이러한 모습을 직접 눈으로 보면서 사람은 나쁜 성품을 가지고 태어난다는 '성악설'을 주장하게 된 것입니다.

김딴지 변호사　아, 춘추 전국 시대라고 부르지만 춘추 시

**주나라**

은나라에 이어서 출현했던 중국의 고대 왕조입니다. 주나라에는 봉건제라는 제도가 있었는데, 왕이 제후들에게 영토를 나누어 주면 제후들은 왕에게 공납을 바치고 군역의 의무를 다했지요. 서양의 봉건제가 계약을 기반으로 이루어진 반면 주나라의 봉건제는 혈연관계를 기반으로 만들어졌습니다.

**교과서에는**

▶ 춘추 전국 시대에는 철로 만든 농기구를 사용해 농사를 지었어요. 그 결과 농업 생산력은 매우 높아졌고 철제 농기구를 가지고 있는 사람은 지주가 되었답니다. 부유한 지주들은 농업 외에 상업에도 투자했고, 상업이 활발해지자 여러 종류의 화폐가 유통되었습니다.

대와 전국 시대는 사회 성격이 많이 다르군요. 사실 제가 궁금한 건 사대부라는 용어가 언제 만들어졌는지에 대한 것입니다.

**순자** 사대부라는 명칭이 만들어진 것은 전국 시대로 생각됩니다.

**김딴지 변호사** 그럼 춘추 전국 시대 중에서도 춘추 시대까지는 사대부라는 용어가 없었다는 말씀인가요?

**순자** 그렇습니다. 주나라에는 '경, 대부, 사'라는 귀족 계급이 있었는데, 주나라 정치 질서가 그런대로 유지되던 춘추 시대까지는 이런 계급 간의 차별이 분명했습니다. 그러나 전국 시대에는 전통적인 계급보다 개인의 능력을 높이 평가하고 우대하는 쪽으로 사회 분위기가 완전히 변했습니다. 경, 대부, 사의 구분이 많이 약해진 겁니다. 이런 분위기 속에서 새롭게 등장한 전국 시대의 지배층은 자신들의 성격에 맞는 새로운 호칭이 필요했습니다. 그래서 이전 시기에 사용되던 사와 대부라는 두 용어를 합해 사대부라는 새로운 명칭을 만들었다고 봅니다.

**김딴지 변호사** 증인의 말을 듣고 나니 사대부라는 용어가 전국 시대에 만들어진 것은 분명해 보입니다. 존경하는 판사님, 그리고 배심원 여러분, 사대부라는 말이 전국 시대에 만들어졌다는 증인의 증언 내용에 주목해 주셨으면 합니다.

**판사** 원고 측 변호인, 수고하셨습니다. 피고 측 변호인은 증인에게 반대 신문 하시겠습니까?

**박구자 변호사** 전국 시대에 사대부라는 말이 만들어졌다는 증인의 말은 제가 들어도 사실로 여겨집니다. 그런데 그 용어가 전국 시

대에 만들어졌다는 사실을 실제로 증명할 수 있나요? 구체적인 증거가 없으면 역사 사실로 인정받을 수 없기에 드리는 질문입니다.

**순자**　　당연한 말씀입니다. 증거가 없는 주장은 억지일 수 있지요. 증거는 바로 춘추 전국 시대를 전후하여 쓰인 책들 속에서 찾을 수 있습니다. 춘추 시대 또는 그 이전 시대의 기록을 담고 있는 책으로는 『시경』, 『서경』, 『춘추』, 『국어』, 『논어』 등이 있습니다. 그런데 이들 책 속에서는 사대부라는 말이 눈에 띄지 않습니다. 춘추 시대까지는 사대부라는 말이 없었으니 당연한 현상이라 할 수 있지요.

이와는 대조적으로 전국 시대의 기록에서는 사대부라는 용어를 쉽게 찾아볼 수 있습니다. 예를 들어『주례』,『묵자』,『순자』,『오자』등의 책에 사대부라는 말이 여러 번 나옵니다. 전국 시대에 쓰인 책에서 이전 시기까지 보이지 않던 사대부라는 용어가 등장한다는 사실은 바로 이때부터 사대부라는 새로운 단어가 만들어져 사용되었음을 알려 주는 분명한 증거라 할 수 있습니다. 그리고『구당서』,『신당서』등 송나라 이전의 역사책에서도 사대부라는 용어가 나오지요. 이로써 사대부란 명칭이 중국에서는 송나라만이 아니라 그 이전부터 전통적으로 사용되어 왔음을 알 수 있는 것입니다.

판사　증인의 증언으로 사대부라는 용어가 전국 시대에 성립되었으며 그 이후 오랜 기간 동안 계속 사용되어 왔다는 사실을 알게 되었습니다.

왜 송나라에서 사대부 사회가 발전했을까?

## 2

# 어떤 사람들을
# 사대부라고 불렀을까?

**판사**　　그럼 송나라 이전에는 어떤 사람들을 사대부라고 불렀는지 살펴보아야 할 것 같습니다. 원고 측 변호인이 발언해 주시겠습니까?

**김딴지 변호사**　　네, 판사님. 송나라 이전에 사용된 사대부라는 용어의 전통적인 의미를 알려면 먼저 그 용어가 처음 등장한 전국 시대의 사대부에 대해 살펴보아야 할 것 같은데요. 증인은 전국 시대의 사대부가 어떤 사람들을 의미했는지 말씀해 주시겠습니까?

**순자**　　내가 살았던 시대인 만큼 전국 시대의 상황에 대해서는 누구보다도 잘 안다고 할 수 있지요. 당시의 사대부가 어떤 사람들을 가리키는 것이었는지 『주례』의 기록을 통해 말해 보겠습니다. 주나라의 제도를 설명한 이 책은 전국 시대 말기에 쓰였기 때문에 책 속에서 사대부라는 용어를 찾을 수 있습니다. 그런데 내용 중에 "앉아

『주례』
주나라의 행정 조직에 대한 법규를 기록한 책입니다. 가장 기본적인 예를 설명한 책이며 『의례』, 『예기』와 함께 삼례로 불립니다.

천자와 제후
천자는 하늘의 뜻을 받아 천하를 다스리는 사람으로 나라의 최고 통치자를 뜻합니다. 제후는 봉건 시대에 천자로부터 영토를 받아서 그 안에 있는 백성을 다스렸지요.

서 나라를 다스리는 정치 요령을 논하는 자를 왕공이라 하고 그것을 행하는 자를 사대부라 한다"는 설명이 보입니다. 여기에서 왕공은 천자와 제후를 의미합니다. 그리고 이 내용에 이어서 일반 서민의 역할에 대해 소개하고 있습니다.

따라서 사대부 위에 천자와 제후가 있고 사대부 아래로 일반 백성이 있다는 것을 알 수 있습니다. 다시 말해 사대부는 천자 또는 제후와 일반 백성 사이에 있으면서 그들과 구별되는 존재였다는 것이지요. 그렇다면 당시의 사대부는 천자나 제후를 도와 백성을 다스리던 관료를 가리키고 있었음이 그대로 드러납니다.

김딴지 변호사　　그렇군요. 증인의 증언을 들어 보니 전국 시대의 사대부는 관료들을 가리킨다는 사실을 분명히 알겠습니다. 이들 관료는 어떤 사람이고 어떻게 해서 관료가 되었는지 궁금합니다.

순자　　나의 사상을 기록해 놓은 책인 『순자』를 보면 "왕공사대부의 자손이라도 예의가 없으면 서민이 되고, 비록 서민의 자손이라도 학문을 쌓고 품행을 단정히 하여 예의를 갖추면 경상사대부로 채용한다"는 내용이 있습니다. 여기에서 경상은 재상을 뜻하고 사대부는 관료 전체를 가리킵니다. 출신 성분과 관계없이 개인의 능력에 따라 누구든지 그 지위에 오를 수도 있고 밀려날 수도 있다는 말이지요. 그러므로 사대부는 출신 성분의 중요성이 사라진 사회에서 오로지 개인적인 능력을 갈고닦아 새로운 정치적 지배 계급으로 성장한 관료를 뜻하는 용어로 출현했다고 결론지을 수 있습니다.

김딴지 변호사    마지막으로 이번 소송의 판결에 중요한 영향을 미칠 수 있는 질문을 드리겠습니다. 관료에는 문관과 무관의 두 종류가 있지요? 전국 시대의 사대부는 이들을 모두 포함한 용어였는지 그렇지 않은지 궁금하군요. 그리고 또 하나, 전국 시대 이후에 사대부라는 용어는 어떤 의미로 사용되었는지도 말씀해 주셨으면 합니다.

순자    전국 시대의 사대부에는 문관과 무관이 모두 포함되어 있었

습니다. 그리고 이러한 사대부의 의미는 이후 진나라와 한나라를 거쳐 당나라에서 5대 10국 시대에 이르기까지 그대로 지속되었습니다. 결국 사대부란 명칭은 전통적으로 문관과 무관 모두를 포함하는 용어로 사용되어 왔다고 말씀드릴 수 있습니다.

**김딴지 변호사**    증언 잘 들었습니다. 존경하는 판사님, 그리고 배심원 여러분, 송나라 이전에 사용된 사대부라는 용어가 문관과 무관을 차별하지 않고 이들 모두를 가리키고 있었다는 사실을 강조해 말씀드리면서 증인 신문을 마치도록 하겠습니다.

3

# 사대부의 활동은
# 어떻게 변해 왔을까?

김딴지 변호사의 변론을 통해 사대부가 문관과 무관 모두를 포함하는 용어였다는 사실이 공개되자 방청석이 술렁거렸다.

"사대부가 문관과 무관 모두를 가리켰다니, 새로운 사실 아닌가?"

"김딴지 변호사 덕분에 사대부에 대해 확실히 알게 되었구먼!"

이런 속삭임과 함께 재판에 대한 방청객들의 호기심과 기대감은 점점 높아지고 있었다.

판사　　원고 측 변호인, 수고하셨습니다! 증인에게 더 질문할 것이 있나요?

**박구자 변호사**　　사대부라는 말이 전국 시대에 만들어졌고 문관과 무관 모두를 포함했다는 주장은 저도 받아들입니다. 이 문제에 대한 증인 신문은 더 이상 필요 없을 것 같습니다. 그렇지만 사대부라는 용어가 포함하고 있는 문관과 무관의 성격이나 활동 내용은 시대 상황에 따라 달랐을 것이 분명합니다. 피고인 송태조가 문치주의 정치를 펼칠 수밖에 없었던 진정한 이유를 알려면 바로 이 문제, 즉 사대부들의 성격이나 활동이 어떻게 변해 왔는지에 대해서도 살펴보아야만 합니다. 이 문제를 다루기 위해 새로운 증인을 신청합니다.

판사   허락합니다. 원고 측 증인은 자리로 돌아가셔도 좋습니다. 피고 측에서는 증인으로 누구를 신청하시겠습니까?

박구자 변호사   북송 때의 저명한 정치가이자 역사가로서 『자치통감』이라는 역사책을 편찬한 사마광을 증인으로 신청합니다.

판사   증인 사마광은 나와서 선서해 주시기 바랍니다.


판사의 허락이 떨어지자 날카로운 눈매를 가진 사마광이 꼿꼿한 인상을 풍기며 증인석으로 나왔다.


사마광   나는 이 자리에서 진실만을 말할 것을 선서합니다.

박구자 변호사   증인은 정치가인 동시에 『자치통감』이라는 유명한 역사책을 편찬한 역사가이기도 하지요? 『자치통감』이 어떤 책인지 소개해 주시겠습니까?

사마광   『자치통감』은 나 혼자 쓴 책이 아닙니다. 유반, 유서, 범조우 등 세 명의 뛰어난 학자들이 나를 도와서 함께 완성했지요. 『통감』이라고 줄여서 부르기도 하는 이 책은 294권의 방대한 분량으로 완성하는 데 무려 19년이 걸렸습니다. ▶『자치통감』은 전국 시대부터 송나라 이전의 5대 10국 시대까지 1362년간의 역사를 하나로 묶은 거대한 역사책입니다. 정치에 도움을 주고 역사 사실을 밝혀 거울로 삼는다는 의미를 지닌 이 책의 이름은 북송의 신종 황제가 정해 준 것이지요. 이 책은 '제왕학의 교과서'라는 평가를 받을 정도로 중국 통치자들에게 많은 영향을 주었습니다.

**박구자 변호사**　전국 시대부터 5대 10국 시대까지 1362년에 걸친 역사의 기록이라니 정말 놀라운 책이군요. 19년 동안 수많은 자료의 수집과 정리, 그리고 집필 활동에 전념하셨으니 증인의 역사 지식은 누구보다도 뛰어나리라 생각합니다.

　그런데 먼저 한 가지 확인해 보고 싶은 것이 있습니다. 원고 측 증인은 사대부란 말이 전국 시대에 만들어졌고 문관과 무관을 모두 가리켰다고 증언했는데요. 증인도 그렇게 보시나요?

**사마광**　그렇습니다. 물론 예외적인 현상도 있기는 했지요. 예를 들어 사회가 혼란에 빠졌을 때는 관직을 가지고 있지 않은 사람, 즉 관료가 아닌 사람이 스스로 사대부라고 일컬은 경우도 있었습니다. 그러나 이런 예외적인 현상 때문에 원고 측 증인의 주장이 틀리다고 할 수는 없어요. 그 예외적인 사람들 역시 보기에 따라서는 관료와 비슷한 지배자로 여겨졌거나 스스로 그렇게 생각했기 때문에 사대부라는 호칭을 사용했을 수 있다는 것이지요. 이러한 의미에서 사대부가 문관과 무관 모두를 가리키는 용어로 사용되었다는 주장은 역사적 사실이라고

**교과서에는**

▶ 송나라 때 사마광이 편찬한 『자치통감』은 역사 서술의 모범을 보인 좋은 예입니다.

인정해도 좋습니다.

**박구자 변호사**　　그러니까 예외적인 경우가 있기는 했지만 사대부가 관료를 가리키는 용어로 사용되었다는 기본적인 사실에는 변함이 없군요.

　그렇다면 사대부에 포함되는 문관과 무관이 어떤 일을 했는지 궁금합니다. 이 문제를 살펴봐야만 송태조가 문치주의 정치를 실시하게 된 진정한 이유도 알 수 있을 것 같네요. 당시 문관과 무관이 역사 속에서 어떤 차이점과 공통점을 지니고 있었는지 설명해 주실 수 있나요?

　깍지 낀 두 손을 책상 위에 올린 채 박구자 변호사의 신문 내용을 듣고 있던 김딴지 변호사도 공감하는 듯한 표정을 지었다. 법정 안의 시선이 다시 사마광에게로 향했다.

**사마광**　　같은 관료라고 해도 학문을 익힌 문관과 무예에 뛰어난 무관은 성격이 다릅니다. 서로의 역할이 구분되어 있고 활동 영역도 다르지요. 한나라 때 육가라는 사람은 "말 위에서 천하를 얻었다고 말 위에서 천하를 다스릴 수는 없다"는 말을 했습니다. 이 말은 군대의 힘으로 나라를 차지할 수는 있어도 군대를 이용해 나라를 다스릴 수는 없다는 뜻입니다. 전쟁 중에는 무관의 역할이 크지만 평화로울 때는 문관의 활동이 중요하다는 의미로 받아들이면 되겠습니다. 이렇게 문관과 무관 사이에는 분명한 차이가 존재하지요. 그러나 이들 가

　　왜 송나라에서 사대부 사회가 발전했을까?

운데 어느 쪽이 더 중요하고 어느 쪽이 덜 중요하다고 말할 수는 없습니다. 문관과 무관은 부족한 부분을 서로 채워 주며 나라를 위해 활동한다는 점에서 모두 국가의 소중한 존재이니까요.

**박구자 변호사** 증인의 말씀을 들으니 문관과 무관이 서로 도우며 나라를 위해 일하는 모습이 그려지네요. 그런데 문관과 무관이라는 용어의 구분은 언제부터 나타난 겁니까?

**사마광** 중국 역사가 처음 시작될 때는 문관과 무관의 구분이 없었습니다. 정치에 참여하는 귀족들은 학문과 예술, 무예 등을 모두 익혔지요. 말 그대로 문과 무를 모두 훌륭히 갖춘 사람들이 나라를 이끌었던 겁니다.

그러다가 주나라의 봉건 질서가 파괴된 전국 시대부터 문관과 무관이 분명하게 구분되었습니다. 전국 시대는 사대부라는 용어가 만들어진 시기이기도 합니다. 이때 새롭게 등장한 문관과 무관들이 자신들을 스스로 사대부라고 부른 것이지요. 그래서 사대부가 문관과 무관을 모두 포함하는 용어로 자리 잡게 된 것입니다.

**박구자 변호사** 그럼 문관과 무관은 늘 서로 도와 가며 나라를 다스렸나요?

**사마광** 음, 항상 그랬던 건 아니었어요. 문관과 무관은 서로 돕기도 했지만 대립과 갈등을 일으킨 때도 많았지요. 이들이 차지하고 있던 정치적 지위 역시 그때그때 상황에 따라 끊임없이 뒤바뀌었습니다. 쉽게 말해 사회가 안정된 시기에는 문관이 무관보다 대우받고 정치적으로도 높은 지위를 차지한 경우가 많은 반면, 사회가 혼란스럽거나 전쟁이 계속될 때는 무관의 활동이 두드러지고 높은 지위를 차지했지요.

**박구자 변호사**　　사대부라는 용어를 함께 사용하지만 문관과 무관은 서로 구별되는 존재이고 따라서 그들의 정치적 지위도 상황에 따라 달라졌다는 말씀이군요. 잘 알겠습니다. 덧붙여서 한 가지 더 여쭤 보고 싶습니다. 문관과 무관의 정치적인 지위가 상황에 따라 달라졌다고 말씀하셨는데, 그러면 사람들의 생각은 어땠나요? 그때마다 문관과 무관에 대한 사람들의 인식도 바뀌었나요?

**사마광**　　그렇지는 않았던 것 같습니다. 문관을 중요하게 여기고 무관을 가볍게 여기는 것을 '중문경무(重文輕武)'라고 표현합니다. 문관과 무관의 역할이 구분되면서 중국 사회는 자연스럽게 '중문경무' 사상을 발전시켰지요. 사실 전국 시대부터 송나라에 이르기까지 중국의 역사는 통일과 분열을 반복했습니다. ▶그러나 기원전 2세기 말이었던 한나라 무제 때 유학을 중시하면서 중국 문화의 기틀이 마련되어 유학은 관리를 뽑는 기준이 되었으며 일상생활의 근본이 되었습니다. 즉 유학을 공부한 문관들이 정치와 사회를 이끌어나가게 된 것입니다. 그래서 남북조 시대의 귀족이나 수나라와 당나라의 귀족들 모두 취미로 시를 쓰고 그림을 그리고 글씨를 쓰는 등 문관의 성격을 지니고 있었어요.

**교과서에는**

▶ 한나라는 무제 때 중앙 집권 체제를 확립했습니다. 한무제는 유학을 국가의 주요 이념으로 삼았는데, 이 과정에서 재능과 교양과 부를 갖춘 새로운 관료층이 나타났습니다.

**박구자 변호사**　　중국 전통 사회가 유학을 중시한 한나라 이후부터 문관을 중심으로 발전해 왔다는 말이군요.

**사마광**　　맞습니다. 그래서 무관의 힘이 문관을 압도하던

왜 송나라에서 사대부 사회가 발전했을까?

중국 사회는
무관보다는
문관을 중심으로
발전했어요.

무(武)

문(文)

자치통감

때에도 사회 깊숙이 뿌리내리고 있는 '중문경무'의 전통은 사라지지
않고 꾸준히 이어져 왔지요.

**박구자 변호사**　　증인, 수고하셨습니다. 존경하는 판사님, 그리고 배
심원 여러분, 증인의 증언을 통해서 확인했듯이 문관과 무관은 모두
사대부라고 불렸지만 분명히 구별되는 존재였습니다. 그리고 송나
라 이전에도 중국은 이미 '중문경무'의 전통을 가지고 있어서 문관
은 무관보다 정치적으로나 사회적으로 인정을 받으며 활동했지요.

따라서 피고 송태조의 문치주의 역시 개인의 욕심 때문에 어느 날 갑자기 없던 것을 억지로 만들어 낸 것이 아니라 중국 사회가 오래전부터 지니고 있던 '중문경무'의 사상을 자연스럽게 이어받은 것으로 보아야 한다는 점을 강조하고 싶네요! 이 점을 기억해 주시기 바라며 제 증인 신문을 마치겠습니다.

판사　원고 측 변호인, 피고 측 증인에게 질문할 내용이 있나요?

김딴지 변호사　네, 판사님! 저는 한 가지 사실만 확인하고 싶습니다. 증인은 중국의 전통 사회가 일찍부터 '중문경무' 사상을 발전시켰고 그로 인해 문관이 무관보다 정치적으로나 사회적으로 인정받으며 활동했다고 말했습니다. 그런데 중국의 역사에서 문관이건 무관이건 어느 한쪽의 힘만으로 성공적인 활동을 수행한 예가 있습니까?

사마광　그럴 수는 없었지요. 물론 문관과 무관은 엄연히 구별되는 존재입니다. 그러다 보니 서로 경쟁의식을 갖고 대립하는 경우도 있었지요. 그래서 문관이 무관을 억누르며 권력을 장악한 때도 있었고 반대의 경우도 있었습니다.

　그러나 문관이건 무관이건 어느 한쪽의 힘만으로 정치를 성공적으로 수행한 예는 찾기 힘듭니다. 사실 중국 역사에 등장하는 수많은 나라들은 대부분 군대를 장악하고 있는 무인이나, 무인의 도움을 받은 사람들에 의해 세워졌답니다.

김딴지 변호사　그래도 순수하게 무인의 힘만으로 나라를 세우고 그 나라를 성공적으로 다스린 경우는 눈에 띄지 않는다는 말씀인 거죠?

**사마광**  그렇습니다. 성공한 무인들 옆에는 늘 그 무인을 도와준 문인들이 있었지요. 문관의 활동도 마찬가지이고요. 무관의 군사력이 안정적으로 뒷받침될 때 문관 역시 훌륭한 업적을 남길 수 있는 것입니다. 그러므로 역사적으로 문관과 무관은 늘 서로의 도움을 필요로 했다고 말할 수 있습니다.

**김딴지 변호사**  잘 알겠습니다. 존경하는 판사님, 배심원 여러분! 문관과 무관은 늘 서로의 도움을 필요로 했다는 피고 측 증인의 마지막 말에 귀 기울여 주십시오. 문관과 무관의 성격이 다르고 '중문경무' 사상이 아무리 뿌리 깊이 박혀 있어도 나라를 다스리는 데에는 문관과 무관이 모두 필요하다는 점에서 볼 때 무관을 차별 대우한 피고 송태조의 문치주의 정치는 분명히 잘못되었다는 사실을 말씀드리며 제 발언을 마치겠습니다.

같은 증인을 신문하여 각자 자신에게 유리한 증언을 이끌어 내는 박구자와 김딴지 두 변호사의 놀라운 변론 솜씨는 사람들도 하여금 혀를 내두르게 할 정도였다. 방청객들도 긴장의 끈을 놓지 못하고 있는 사이 정해진 재판 시간이 어느덧 지나가고 있었다.

**판사**  시간이 예정보다 많이 지났네요. 오늘 재판은 이만 끝내야 할 것 같습니다. 증인은 자리로 돌아가서도 됩니다.

오늘은 사대부라는 용어의 성립과 의미, 그리고 사대부라 불리던 문관과 무관이 중국 역사에서 어떠한 모습을 보여 주고 있는지 전체적으로 살펴보는 시간을 가졌습니다. 다음 재판에서는 송나라에서 사대부가 어떠한 의미를 지닌 존재였는지에 대해 본격적으로 다루 겠습니다. 이것으로 첫 번째 재판을 마칩니다.

땅, 땅, 땅!

왜 송나라에서 사대부 사회가 발전했을까?

# 북송과 남송은 다른 나라일까?

송나라 역사를 공부하다 보면 북송과 남송이라는 말이 나옵니다. 송나라면 다 같은 송나라이지 왜 북송과 남송이라고 구분해서 부르는 걸까요?

당나라가 멸망한 이후 중국에는 5대 10국 시대라는 아주 혼란한 시대가 펼쳐졌어요. 907년부터 960년까지의 짧은 기간 동안 중앙 왕조가 5개(후량, 후당, 후진, 후한, 후주) 존재했고 지방에는 10개의 정권(오, 전촉, 후촉, 남당, 오월, 민, 초, 형남, 남한, 북한)이 있었지요. 송태조 조광윤은 후주의 장군이었는데 960년에 송나라를 세우며 5대 10국의 혼란을 정리했습니다.

그런데 1115년에 여진족이 금나라를 건국했습니다. 원래 여진족은 거란족이 세운 요나라의 지배를 받고 있었는데 독립하여 새로운 나라를 세운 것이지요. 처음에 송나라와 금나라는 서로 동맹을 맺었어요. 하지만 이후 송나라가 금나라를 계속 견제하자 금나라는 송나라를 공격했습니다. 결국 1127년에 금나라가 송나라 황제 흠종과 태상황 휘종을 포로로 잡아가고 수도를 약탈하면서 송나라가 멸망했지요.

그 후 흠종의 동생인 조구는 남쪽으로 내려가서 송나라를 부흥시키고 스스로 황제가 되었습니다. 이 인물이 바로 고종으로 이후 송나라를 남송이라고 부르게 되었지요. 즉 이전까지 중국 전역을 다스리던 송나라를 북송이라고 부르고, 금나라에게 화베이 지방을 내주고 남중국 일대만 다스린 고종 이후의 송나라를 남송이라고 부르는 겁니다.

**다알지 기자**

　　　　　안녕하세요. 역사공화국 법정 뉴스의 다알지 기자입니다. 오늘 세계사법정에서는 송나라를 세운 송태조와 남송의 장군 악비의 첫 번째 재판이 벌어졌습니다. 오늘 재판에서 원고 악비는 피고 송태조가 개인적인 욕심으로 무관을 차별하여 송나라가 외적의 공격을 받았고 자신은 억울하게 죽었다고 주장했지요. 하지만 송태조는 송나라를 발전시키기 위해 문치주의 정치를 펼친 거라고 반박했습니다. 본격적인 재판에 앞서 오늘은 중국 역사 속에서 나타나는 사대부에 대해 알아보았는데요. 사대부라는 말이 언제부터 사용되었는지, 그 의미는 무엇인지 등을 증인 순자와 사마광의 증언을 통해 살펴봤습니다. 재판 첫째 날부터 원고 측 김딴지 변호사와 피고 측 박구자 변호사는 한 치의 양보도 없이 팽팽한 대결을 펼쳤는데요. 증인들에게서 서로 유리한 증언을 끌어내는 두 변호사의 변론 솜씨에 다들 넋을 잃었다고 합니다. 그럼 오늘 재판의 증인인 순자와 사마광을 만나 이야기를 들어 볼까요?

순자

　오랜만에 세계사법정에 서니 감회가 새롭
네요. 지난번에는 피고의 입장이라서 몹시 긴장
했었는데 오늘은 증인의 입장이어서 그런지 아주 흥
미로웠습니다. 오늘 재판에서 다들 사대부라는 말이 언제부터 쓰였는
지 궁금해하던데, 사대부라는 용어는 전국 시대부터 사용된 것으로 보
입니다. 전국 시대에 들어와 부모에게 물려받은 신분보다 개인의 능력
이 더 중요하게 여겨지면서 사대부라는 새로운 신분이 생긴 것이지요.
그리고 역사적으로 사대부는 문관과 무관 둘 다를 의미하는 말이었어
요. 문관, 무관에 관계없이 일반 서민과 구분되는 관료들을 사대부라
고 불렀지요. 사대부가 누굴 뜻하는지 이제 좀 정리가 됐나요?

**사마광**

　　사대부가 역사적으로 문관과 무관 모두를
의미한 것은 맞습니다. 하지만 문관과 무관은
분명한 차이가 있었지요. 나라가 안정되었을 때는
문관이 더 큰 권력을 가졌고 나라가 혼란스러워지면 상대적으로 무관
의 힘이 더 세졌습니다. 문관과 무관은 서로 도와 가며 나라를 다스렸
지만 동시에 경쟁하기도 했습니다. 그런데 중국에는 전통적으로 무관
보다는 문관을 더 중요하게 생각하는 '중문경무' 사상이 있었어요. 그
래서 사람들은 칼을 쓰는 무관보다는 문관을 더 높이 평가했지요. 이
런 사실을 염두에 두고 이번 재판을 살펴보면 판단을 내리기가 더 쉽
지 않을까요?

# 문인 사대부가 송나라의 지배층이 된 이유는?

1. 송나라를 세운 사람들은 누구일까?
2. 왜 송태조는 문인 사대부에게 정치를 맡겼을까?
3. 송나라의 사대부는 어떻게 살았을까?

교과 연계

세계사
IV. 지역 경제의 성장과 교류의 확대
  1. 동아시아 세계의 다원화와 교류
    (1) 송 대의 사대부 사회

# 1

## 송나라를 세운
## 사람들은 누구일까?

 

 

악비와 송태조의 2차 재판이 열리는 날, 1차 재판 때처럼 세계사 법정은 재판을 보러 온 영혼들로 넘쳐 났다. 그러나 이미 법정 분위기에 익숙해진 방청객들은 조용한 가운데 재판이 시작되기를 기다리고 있었다. 이윽고 판사가 들어와 의자에 앉자 배심원과 방청객들도 자리에 앉았다.

판사    오늘은 송나라를 세운 피고가 왜 문치주의 정치를 펼쳤는지, 그리고 송나라의 사대부들은 어떤 사람들이고 어떤 활동을 했는지 본격적으로 조사해 보겠습니다. 그러기 위해서는 먼저 피고가 왜, 누구의 도움을 받아 송나라를 세우게 되었는지 알아야 할 것 같은데, 이에 대해 먼저 피고 측 변호인이 발언해 주시겠습니까?

**박구자 변호사**　　네, 판사님. 907년 당나라가 멸망한 후 중국에는 50여 년에 걸쳐 5대 10국의 분열 시대가 이어집니다. 이러한 혼란을 수습하고 송나라를 건국한 사람이 바로 피고 송태조입니다. 자세한 내용은 피고에게 직접 들어 보고자 합니다.

**판사**　　좋습니다. 피고는 어떻게 해서 송나라를 건국하게 되었는지 말씀해 주세요.

**송태조**　　▶나는 진교역이라는 곳에서 부하 장군들의 추대를 받아 황제의 자리에 올랐습니다. 이른바 '진교역의 정변'이라고 불리는 이 사건에 의해 송나라가 세워진 것이지요. 따라서 송나라는 나를 따르는 군인들이 나를 황제로 추대하여 세운 나라라고 말씀드릴 수 있습니다. 송나라를 건국한 뒤에는 5대 10국의 혼란을 수습하는 데 힘썼지요.

**판사**　　왜 부하 장군들이 피고를 황제로 추대했는지 그 이유를 설명해 줄 수 있나요?

**송태조**　　거기에는 복잡한 사연이 있습니다만 가능한 한 짧게 말씀드리겠습니다. '진교역의 정변'이 일어날 무렵에 나는 중앙의 정예 부대인 금군의 최고 사령관으로 있었습니다. 당시 내가 모시던 황제의 나이는 겨우 일곱 살이었죠. 황제가 워낙 어리다 보니 자연히 나라가 불안정했고, 이 틈을 타 거란족이 세운 요나라와 사타족이 세운 북방의 북한이 손을 잡고 우리를 공격해 왔습니다. 이들의 침략을 막아 내기 위해 나는 군대를 거느리고 출동하여 진교역

**교과서에는**

▶ 송태조 조광윤은 후주의 절도사였습니다. 그는 10세기 중엽에 송나라를 세우고 문치주의 정치를 채택했지요. 그래서 문관을 절도사에 임명하고 절도사의 권력을 빼앗았어요. 대신 황제의 권력을 강화하고 과거제를 철저하게 실시했습니다.

에서 밤을 보내게 되었는데, 나를 따라온 장군들이 뜻밖에도 새벽에
잠자던 나를 깨워 황제로 추대한 것입니다.

이때 갑자기 김딴지 변호사가 화가 난 듯 자리에서 벌떡 일어나며
말했다.

김딴지 변호사　아니, 나라를 지키기 위해 전쟁터로 나간 군인들이
적과 싸울 생각은 하지 않고 자신들의 대장인 피고를 황제로 추대했
다는 말입니까? 이런 행동은 국가를 위해 목숨을 바치는 군인 정신
에 어긋나는 것 아닌가요?

　　왜 송나라에서 사대부 사회가 발전했을까?

**박구자 변호사**　아직 피고의 말이 끝나지 않았습니다! 좀 더 참을성 있게 들어 주시죠! 이렇게 이해하기 힘든 일이 벌어진 데에는 그럴 만한 이유가 있었으리라 여겨집니다. 오해를 받지 않기 위해서라도 피고는 그때의 상황을 좀 더 자세히 해명해 주셔야 할 것 같군요.

**송태조**　그렇게 하겠습니다. 5대 10국 시대에는 무인 출신의 절도사들이 군대의 힘을 이용해 황제의 자리를 빼앗는 일이 자주 발생했습니다. 따라서 사람들도 황제와 나라가 바뀌는 일에 익숙해 있었습니다. 그만큼 당시의 상황이 불안정했죠. 내가 황제로 추대된 것은 이러한 분위기와 밀접한 관련이 있습니다. 어린 황제의 즉위와 주변 국가의 위협으로 나라 안팎의 혼란이 심해지다 보니 불안을 느낀 사람들이 새로운 돌파구를 찾으려 했고, 그런 과정에서 군대의 최고 책임자인 나를 주목하게 된 것 같습니다.

**박구자 변호사**　그랬군요!

**송태조**　진교역으로 출발하기 전에 나도 이미 군대 내부에서 나를 황제로 추대하고 싶어 한다는 소문을 들었습니다. 그 소문이 마음에 걸리기는 했지만 당시에는 헛소문이 많이 떠돌던 때라 나는 별다른 생각 없이 출발했습니다. 그런데 진교역에서 야영하던 첫날 밤에 정말로 부하 장군들이 나를 황제로 추대하는 일이 벌어진 것이죠.

　　김딴지 변호사가 다시 발언을 요청하고 나섰다.

**김딴지 변호사**　이제 제가 질문해도 되겠습니까? 피고의 말을 들어

**쿠데타**
무력을 사용하여 정권을 빼앗는
일을 말합니다.

보니 피고는 자신을 황제로 추대한다는 소문이 떠도는 상태에서 출동했고, 또 실제로 그 추대에 응하여 황제로 즉위했다는 말이군요. 군대의 최고 사령관으로서 어린 황제를 보호하고 국방을 책임져야 하는 것이 피고에게 주어진 임무 아니었나요? 피고는 군대의 최고 지휘자로서 적과 싸우도록 부하들을 설득했어야 하는데 오히려 군대를 되돌려서 어린 황제의 자리를 빼앗았습니다. 군사 **쿠데타**를 일으켰다는 비판을 면하기 어렵게 된 것이지요.

**박구자 변호사**　이의 있습니다, 판사님! 피고가 황제로 즉위하게 된 이야기는 오늘 재판의 주요 안건이 아닙니다. 그런데도 원고 측 변호인은 계속해서 피고를 압박하며 재판의 본질을 흐리고 있습니다.

**김딴지 변호사**　물론 피고가 황제의 자리에 오른 사건이 오늘 재판의 주요 안건은 아닙니다. 그러나 앞으로 재판을 원활하게 진행하려면 이 문제를 분명하게 짚고 넘어가야 할 것 같습니다. 피고는 당시 어떤 생각을 갖고 어떻게 대처했는지 좀 더 자세히 설명해 주셨으면 합니다.

**송태조**　황제의 자리를 차지하기 위해 죽고 죽이는 싸움이 역사 속에서 시시때때로 벌어진 이유는 그만큼 많은 사람들이 그 자리를 탐냈기 때문 아닌가요? 5대 10국 시대에는 그러한 싸움이 특히 심했습니다.

그러나 그런 상황에서도 나는 내 임무에 충실하려 노력했습니다. 내가 군대를 거느리고 전쟁터로 떠난 것은 나라를 지키기 위해서였지 황제의 자리를 욕심내서가 아니었습니다. 그래서 잠을 자다가 얼떨결에 황제로 추대되었을 때 나는 무척 놀라고 당황했습니다. 처음에는 부하들을 꾸짖으며 설득하려고도 했습니다. 하지만 내 힘으로는 되돌리기 어려울 정도로 이미 그들의 마음이 하나로 뭉쳐 있는데 난들 어떡하겠습니까? 내가 끝까지 거절할 경우 어떤 사태가 벌어질지 예측하기 어려웠지요. 결국 나는 그 자리에서 최선의 선택을 할 수밖에 없다는 사실을 깨닫고 황제가 된 것입니다.

**박구자 변호사**　그때 피고가 황제의 자리에 오른 것이 최선의 선택이었다는 말인가요?

**송태조**　그렇습니다. 새로운 황제를 세운 군대가 도성으로 들어가는 경우 그 군인들의 약탈로 도성 안 사람들이 많은 피해를 당하곤 했는데, 당시에는 군인들의 이러한 행동이 거의 공식처럼 이어지고 있었습니다. 나는 어차피 뿌리치기 힘들 바에야 추대를 받아들이고 대신 군대의 횡포로 도성이 짓밟히는 사태를 막는 것이 내가 할 수 있는 최선이라고 판단했습니다.

그래서 내 요구에 따라 군대는 질서를 지키며 도성에 들어갔고, 나는 평소와 크게 다를 바 없는 분위기에서 황제의 자리를 넘겨받아 송나라를 건국한 것입니다. 역사가들은 나처럼 평화적으로 정권 교체를 성공시킨 예를 역사 속에서 찾아보기 어렵다고 말합니다. 이러한 평가가 내 선택이 옳았음을 증명해 주는 것이 아닐까요?

**김딴지 변호사**　판사님, 이의 있습니다! 자신이 황제의 자리에 오른 것을 최선의 선택이었다고 말하다니 피고의 착각이 매우 심한 듯합니다. '진교역의 정변'이 일어날 당시 피고를 황제로 추대하려는 사람들만 있었던 것은 아니거든요! 도성의 경비 책임을 맡고 있던 한통 장군처럼 피고가 황제의 자리에 오르는 것을 막으려고 노력했던 인물도 있었습니다. 한통 장군도 과연 피고와 같은 생각일까요? 이를 알아보기 위해 황제로 추대된 피고가 도성으로 들어오는 것을 막으려다 전사한 장군, 한통을 증인으로 신청합니다.

**판사**　피고는 자기 생각을 밀할 권리가 있기 때문에 원고 측 변호인의 이의 제기는 받아들이기 어렵습니다. 다만 피고 측의 이야기는 충분히 들었으니 이제 원고 측의 요구에 따라 한통 장군의 증언을 듣도록 하겠습니다. 증인은 나와서 선서해 주세요.

"거참, 황제가 된 배경을 두고 말들이 많네."

"그러게. 이번엔 송태조의 황제 즉위에 반대했던 사람이 증인으로 나온다니 기대되는걸."

사람들이 웅성거리는 사이 부리부리한 눈빛의 한통 장군이 증인석으로 나왔다.

**한통**　나는 진실만을 말할 것을 이 자리에서 선서합니다.

**판사**　원고 측 변호인은 신문하세요.

**김딴지 변호사**　증인에게 묻겠습니다. 당시 증인은 피고 송태조와 함께 군대를 지휘하고 계셨죠?

**한통**　네. 나와 피고인 조광윤 두 사람이 국가의 중요한 군사 업무

　왜 송나라에서 사대부 사회가 발전했을까?

를 처리하고 있었습니다.

**김딴지 변호사**    그렇다면 피고 송태조가 아니라 증인이 전쟁터에 나갈 수도 있지 않았나요? 피고가 새로운 황제로 추대될 것 같다는 소문이 떠돌던 불안한 상황에서 왜 그 소문의 당사자인 피고가 굳이 군대를 거느리고 나간 것인가요?

**한통**    당시 나는 황제를 호위하고 도성을 지키는 임무를 맡고 있었고, 나라를 지키기 위해 전쟁터로 나가는 것은 조광윤이 해야 할 일이었습니다. 조광윤을 황제로 추대하고 싶어 한다는 소문을 나도 듣기는 했습니다. 그러나 이전에도 비슷한 유언비어를 들은 적이 있기 때문에 그때도 군대 내부에서 조광윤의 인기가 높다 보니 그런 소문이 떠도는 것이라고 생각했습니다. 또 조광윤에게서 군사 쿠데타를 일으킬 만한 낌새도 느껴지지 않았고요.

**김딴지 변호사**    그러나 피고는 출동한 뒤 곧바로 군사 쿠데타를 일으켜 황제의 자리를 빼앗았습니다. 피고는 자신도 모르는 사이에 일어난 일이라고 주장하지만 그 말을 누가 믿겠습니까? 증인도 피고에게 속은 것이 아닌가요?

**한통**    어찌 나 혼자만 속았겠습니까? 조광윤의 출동을 허락한 황제와 재상 등 많은 사람들이 속았지요. 나는 '설마가 사람 잡는다'는 속담을 실감했습니다. 조광윤을 황제로 추대한다는 소문을 설마 하며 유언비어라고 생각했는데 그것이 현실로 나타났고, 나는 그것을 막으려다가 목숨까지 잃었으니까요.

**김딴지 변호사**    그렇군요. 그러면 피고가 황제로 추대되었다는 소문을 들었을 때 도성 안에 있던 증인의 주변 사람들은 어떤 반응을 보였나요? 환영하는 분위기였나요?

**한통**　천만에요. 마른하늘에 날벼락 같은 조광윤의 배신 소식에 조정 대신들은 모두 놀라고 걱정하며 어찌할 바를 몰랐습니다. 믿는 도끼에 발등 찍힌 심정이었지요. 나는 사태를 수습하기 위해 도성 안의 군대를 소집하려 했습니다.

그러나 도성은 어느새 조광윤을 따르는 쿠데타군의 통제 아래 있었습니다. 어제까지의 전우가 오늘은 적으로 변해 있는 기막힌 현실 앞에서 나는 제대로 싸움 한번 해 보지 못하고 내 가족들과 함께 살해당하고 말았습니다. 쿠데타군이 오래전부터 치밀한 준비를 해 왔다는 사실을 나는 죽음을 맞이하면서 비로소 알 수 있었습니다. 잠자다 얼떨결에 황제가 되었고 평화적으로 정권 교체가 이루어졌다는 조광윤의 주장은 한마디로 역사 속의 코미디라고 할 수 있지요. 그런데 지금도 그 엉터리 같은 코미디를 많은 사람들이 사실로 믿고 있으니 나로서는 안타까울 뿐입니다.

이때 못마땅한 표정으로 원고 측의 대화 내용을 듣고 있던 박구자 변호사가 더 이상 참지 못하겠다는 듯 큰 소리로 이의를 제기했다.

**박구자 변호사**　판사님, 이의 있습니다. 원고 측은 피고를 거짓말만 일삼는 사기꾼으로 몰아가고 있군요! 당사자의 진심 어린 발언을 거짓으로 몰아가며 자기중심적인 주장만 내세우는 원고 측의 태도는

　왜 송나라에서 사대부 사회가 발전했을까?

피고에 대한 의도적인 명예 훼손으로 볼 수밖에 없습니다. 이번에는 제가 원고 측 증인을 신문하고 싶습니다.

**판사** 원고 측의 일부 발언 내용 중 피고에 대한 인신공격적인 표현이 담겨 있었다는 것을 인정합니다. 법정에서 상대방에 대한 인신공격이 허용되지 않는다는 사실은 잘 알고 있으리라 믿습니다. 앞으로 주의해 주셨으면 합니다. 법정의 분위기를 바꿀 필요가 있으니 원고 측 증인에 대한 피고 측 변호인의 신문 요청을 허락하겠습니다.

**박구자 변호사** 감사합니다. 그럼 증인에게 묻겠습니다. 당시의 불안한 시대 상황으로 볼 때 '진교역의 정변'은 불가피한 측면이 분명히 있었습니다. 또 그 당시 피고 송태조가 보여 준 임기응변의 처신은 이후 중국 사회가 안정 속에서 새롭게 발전하는 데 중요한 역할을 했다고 저는 생각합니다. 이러한 평가에 대해서 증인은 어떻게 생각하시는지요?

**한통** 나는 박 변호사님과 생각이 다릅니다. 나와 조광윤은 물론이고 조정 대신들이 당시 어린 황제를 잘 보필했다면 별다른 문제없이 나라가 계속 발전해 나갔으리라 봅니다. '진교역의 정변'이 불가피했다는 주장은 받아들일 수 없습니다. 조광윤을 중심으로 한 정치 군인들이 권력에 욕심을 품고 쿠데타를 일으킨 결과가 '진교역의 정변'이었다는 것을 강조해 말씀드릴 수밖에 없군요.

**박구자 변호사** 정변의 당사자인 피고의 자세한 설명이 있었음에도 그것을 끝까지 의심하는 증인의 증언을 들으니 답답한 마음만 커집니다. 이 문제는 역사가들의 연구 결과를 좀 더 기다려 보아야 할

왜 송나라에서 사대부 사회가 발전했을까?

것 같네요. 일단 이 자리에서는 무엇보다 먼저 정변 당사자인 피고의 주장에 관심을 기울여 주어야 한다는 극히 상식적인 사실을 강조하며 제 증인 신문을 마치겠습니다.

판사    원고 측 변호인은 증인에게 더 묻고 싶은 내용이 있나요?

김딴지 변호사    없습니다. 대신 저도 제 생각을 마지막으로 말씀드리면서 증인 신문을 끝내고 싶습니다.

판사    허락합니다.

김딴지 변호사    저는 쿠데타 당사자의 주관적인 말보다 당시 그 사건을 직접 목격하고 또 그 사건에 휘말린 경험이 있는 다른 사람의 증언이 좀 더 믿을 만하다는 사실을 지적하고 싶습니다. 그러한 점에서 한통 장군의 증언은 사건의 진실에 더 가깝게 접근해 있지요. 제가 한 장군을 증인으로 부른 이유가 여기에 있습니다. 따라서 저는 증인의 진술 중에서 피고와 그를 따르는 정치 군인들이 군사 쿠데타를 일으켜 송나라를 건국했다는 부분을 다시 한 번 강조하고자 합니다.

판사    입장 차이가 너무 크다 보니 예상했던 대로 양측이 의견의 일치를 보기는 어려울 것 같군요. 그러나 한 가지 사실은 밝혀졌습니다. 피고를 따르는 무인 장군들이 '진교역의 정변'을 일으켜 피고를 황제로 추대했고 그 결과 송나라가 세워졌다는 것이지요. 송나라는 피고를 중심으로 한 무관들이 건국했다고 결론지을 수 있겠습니다. 이상으로 한통 장군에 대한 증인 신문을 마칩니다. 증인은 자리로 돌아가도 좋습니다.

# 2

## 왜 송태조는 문인 사대부에게
## 정치를 맡겼을까?

판사   이제 두 번째 문제로 넘어가겠습니다. 앞서 살펴본 대로 송나라를 건국한 것은 무인 출신의 장군들입니다. 피고인 송태조 역시 무인이었고요. 그런데 이상한 점은 피고가 무관보다 문관을 우대하는 문치주의 정치를 펼쳤다는 점입니다. 원고는 피고가 개인적인 욕심 때문에 그렇게 했고 따라서 피고에게 권력 남용의 죄를 적용해야 한다는 논리를 내세웁니다. 물론 피고는 국가의 안정과 발전을 위해 문치주의를 채택했다는 입장이지요. 이에 대해 먼저 원고 측의 입장부터 들어 보겠습니다. 원고 측 변호인, 발언해 주세요.

김딴지 변호사   네, 판사님. 이것 하나만은 분명히 말씀드리고 싶군요. ▶바로 피고의 문치주의 정책 때문에 송나라의 국방력이 약해졌다는 사실입니다! 그래서 송나라는 북방 유목 민족의 침략에 시달려야 했습니다. 이것만 보아도 국가의 안정과 발전을 위한다는 피고의 주장이 얼마나 잘못된 것인지 알 수 있지요. 문치주의 정치로 황제 개인의 권력이 강해진 것은 분명한 반면 국가는 많은 어려움을 떠안게 되었습니다. 이 문제는 저보다 그 피해 당사자인 원고를 통해 들어 보는 것이 좋으리라고 판단됩니다.

**판사**    그러지요. 원고는 피고의 문치주의 정치로 송나라가 어떤 문제를 겪게 되었는지 설명해 주세요.

**악비**    나는 두 가지를 지적하고 싶습니다. 하나는 군사력이 약해진 송나라가 주변의 유목 민족들에게 계속 시달리다가 결국은 나라 전체를 빼앗기는 비참한 운명을 맞게 되었다는 것입니다. 또 하나는 중국 사회가 내부적으로 이전과 완전히 다른 성격의 사회로 변했다는 점입니다. 이른바 사대부 사회가 형성된 것이지요.

**판사**    판사인 나도 그 점이 궁금합니다. 첫 번째 재판에서 다루었듯이 사대부라는 용어는 이미 전국 시대부터 사용되어 왔는데 새삼스럽게 송나라 때 사대부 사회가 형성되었다고 하니 영문을 모르겠군요. 그렇게 표현해도 되는 것인지 아니면 잘못된 것인지 이 점부터 분명히 하고 싶습니다. 이와 관련하여 원고가 직접 보고 겪은 송나라의 상황을 말해 주셨으면 합니다.

판사의 요구에 방청석의 모든 사람들이 새로운 호기심을 갖고 악비 장군에게로 시선을 돌렸다.

**교과서에는**

▶ 송태조가 실시한 문치주의 정치 때문에 송나라의 국방력은 약해졌고 북방에 있는 유목 민족이 송나라를 침략했지요. 송나라는 이들과 강화 조약을 맺고 매년 은과 비단을 보내야만 했습니다.

**독서인**

독서인은 송나라 사람들이 쓰던 말이에요. 송나라 사람들은 학문을 익힌 지식인을 독서인이라고 불렀지요.

**악비** 이 문제를 이해하려면 아무래도 먼저 어떤 사람들이 송나라에서 사대부로 인정받았는지 알아야 할 것 같습니다. 송나라의 사대부는 지식, 과거, 유교적 교양 같은 단어들과 관련이 있습니다. 송나라에서 사용되는 사대부의 의미가 이전 시대와 다르다는 것을 알 수 있지요. 즉 학문적인 지식이 강조되면서 문관에 초점이 맞추어졌고 나와 같은 무관은 배제되었습니다. 그런데 사실 송나라 때는 사대부라는 용어가 매우 복잡하게 사용되고 있었습니다.

**김딴지 변호사** 내용이 꽤 어려워지는군요. 그래도 송나라의 사대부를 정확하게 알려면 사대부라는 용어가 송나라 때 어떻게 복잡하게 사용된 것인지 보충 설명이 필요하다고 봅니다. 이에 대한 이야기를 좀 더 해 주시지요.

박구자 변호사와 배심원들도 호기심 어린 눈으로 악비를 바라보았다.

**악비** 일단 사대부라는 명칭이 이전 시대처럼 문관과 무관의 모든 관료를 포함하기도 했습니다. 이것은 전국 시대 이래의 오랜 전통이니 송나라에서도 그대로 이어졌겠지요. 그러나 무관은 빼고 문관만 사대부로 부르는 경우도 있었고, 더 나아가서는 학문을 익힌 일반 독서인까지 폭넓게 사대부라고 부르는 경우도 있었습니다.

**김딴지 변호사** 사대부라는 용어가 매우 복잡하게 사용되었군요.

그 이유는 무엇인가요?

**악비** 피고가 실시한 문치주의 정치 때문입니다. 문치주의 정치에 힘입어 학문을 익힌 독서인들이 송나라 사회의 새로운 주인공으로 떠오르다 보니 그런 복잡한 현상이 나타난 것입니다. 송나라의 독서인들은 관료이건 아니건 서로 동류의식을 가지고 사대부라는 호칭을 사용하면서 정치와 사회, 문화를 이끌어 나갔습니다. 동시에 그들은 나와 같은 무관은 사대부에서 제외시키는 거만함도 보였지요. 새롭게 생겨난 송나라의 사대부를 이전의 전통적인 사대부와 구분하기 위해 문인 사대부라고 부르면 어떨까 싶네요. 송나라에서 사대부가 생겨났다는 말은 곧 문인 사대부가 출현했다는 의미로 보면 될 것 같습니다.

**판사** 시간이 많지 않으니 이제 말씀을 정리해 주시지요.

**악비** 네. 피고가 실시한 문치주의 정치 때문에 이전 시대에 없던 문인 사대부가 생겨났고, 송나라 사회는 무관들이 무시당하는 기형적인 사회가 되었습니다. 그 결과 황제 개인의 권력은 강해졌지만 군사력은 상대적으로 약해져서 국가는 많은 시련을 당했습니다. 그러니 자기 마음대로 문치주의 정치를 실시하고 무관을 배척하여 송나라 사회를 비정상적인 상태로 바꿈으로써 국가를 어렵게 만든 피고에게 권력 남용의 죄를 적용해야 한다는 것입니다.

**박구자 변호사** 판사님, 이의 있습니다. 피고가 문치주의 정치를 실시한 배경에는 무관을 억압하여 자신의 권력을 강화하려는 생각보다 더 중요하고 복잡한 정치 문제가 있었습니다. 첫 번째 재판에서

이러한 사실을 밝힌 바 있지만 원고는 여전히 피고가 개인적인 욕심에서 권력을 남용했다는 주장만 되풀이합니다. 과연 문치주의 정치가 피고의 개인적인 욕심 때문에 실시된 것으로 국가에는 시련만 안겨 주었는지, 아니면 국가의 안정과 발전에 이바지했는지 따져 보기 위해 5호 16국 시대 전진 왕조의 황제였던 부견을 증인으로 신청합니다.

판사    이번 재판에는 쟁쟁한 인물들이 증인으로 많이 나오는군요. 증인은 나와서 선서해 주십시오.

부견    나는 이 자리에서 진실만을 말할 것을 선서합니다.

박구자 변호사    증인으로 출석해 주셔서 감사합니다. 증인은 황제로 있으면서 성공과 실패를 모두 경험하셨지요? 그런 면에서 이후의 황제들에게 많은 교훈을 주었습니다. 증인의 성공과 실패가 이번 재판의 피고인 송태조의 문치주의 정치를 평가하는 데에도 큰 도움이 될 것 같아 이렇게 증인으로 모셨습니다. 이 자리에서는 증인이 추진한 정치가 어떤 면에서 성공했고 왜 실패하게 되었는지 들어 보려 합니다. 먼저 증인은 어떻게 황제의 자리에 올랐고 어떤 정치를 하였기에 성공적인 결과를 얻게 되었는지 말씀해 주시지요.

부견    내가 살던 5호 16국 시대의 중국은 여러 민족이 나라를 세우기 위해 서로 싸우느라 극심한 혼란을 겪고 있었습니다. 힘 있는 자들은 황제의 자리를 욕심내며 늘 싸움을 했고 그 결과 자격 미달의 황제도 많이 등장했지요. 이러한 혼란과 불안을 없애기 위해서는 내가 황제가 될 수밖에 없다고 판단했습니다. 물론 그 과정에서 군대의 힘을 동원했습니다. 당시의 시대 상황 때문에 어쩔 수 없었지만 이 점은 지금도 유감스럽게 생각합니다.

박구자 변호사    증인의 경우 황제의 자리에 오르면서 이전 황제를 살해했더군요. 그러면서도 새로운 나라를 세우지 않고 당시의 전진 왕조를 그대로 이어받았고요. 평화로운 정권 교체를 통해 새로운 나라를 세운 피고 송태조는 이런 점에서 증인과 정반대의 모습을 보여 주었습니다. 그러나 혼란스러운 시대 상황 속에서 황제의 자리가 늘

**5호 16국 시대**

3세기 초에 후한이 멸망한 후 중국은 위, 촉, 오 세 나라로 나뉘었습니다. 이 세 나라를 서진이 통일했지만 서진은 곧 선비, 흉노 등 이민족(5호)의 침입으로 멸망했지요. 화베이 지방에서는 이민족들이 세운 16국의 나라가 세워지고 멸망하기를 거듭했는데 이때를 5호 16국 시대라고 부릅니다.

불안했고 군대의 도움을 받아 황제가 된 점은 비슷합니다. 그런데 증인은 황제로 즉위한 다음에 어떤 정치를 하였기에 역사 속에서 훌륭한 황제로 평가받게 되었는지요?

**부견**　글쎄요. 당시 중국에는 다양한 민족이 들어와 활동하고 있었습니다. 나는 모든 민족을 차별 없이 대우해 주었지요. 또 정치적으로는 문관과 무관을 포함한 모든 관료들이 마음껏 능력을 발휘할 수 있도록 공평하게 배려해 주었고 백성도 따뜻하게 대해 주었습니다. 그래서 역사가들은 덕망 있는 정치를 했다는 의미로 내가 실시한 정치를 덕치주의 정치라고 높이 평가해 주더군요. 모든 민족과 관료와 백성이 나의 덕치주의 정치를 적극적으로 지지했기 때문에 내가 통치하던 전진 왕조는 북중국의 넓은 영토를 지배하는 거대한 국가로 발전했고 주변의 여러 나라에서 공물을 바쳐 왔습니다.

**박구자 변호사**　그러니까 모든 사람을 차별하지 않고 똑같이 대한 증인의 덕치주의 정치가 성공적인 결과를 가져왔다는 말씀이군요. 그러나 이러한 성공에도 불구하고 전진 왕조는 증인이 황제가 된 후 28년 만에 망했고 증인은 죽임을 당하는 비참한 운명을 맞이했지요? 왜 그런 일이 벌어진 것인가요?

**부견**　지금도 나에게는 그때의 한스러움이 생생하게 남아 있습니다. 당시 남중국에는 동진 왕조가 있었는데 나는 천하 통일을 목적으로 이 나라를 공격했습니다. 영토 확장이나 남중국의 값비싼 물건을 욕심내서 전쟁을 일으킨 게 아닙니다. 중국의 분열로 고통받는 백성을 구원하고 더 이상 전쟁이 없는 평화로운 통일 세계를 만드

　왜 송나라에서 사대부 사회가 발전했을까?

는 것이 나의 목적이었습니다. 하지만 나는 이 전쟁에서 잘못된 전략을 세웠고 결국 어이없는 패배를 당했습니다. 당연히 내 권위도 추락했지요. 그리고 상황이 이렇게 바뀌자 내가 그동안 차별 없이 대해 준 여러 민족들이 각자 독립하여 나를 공격했어요. 그 와중에 나는 살해당했으며 전진 왕조는 멸망하는 비참한 운명을 겪게 된 것입니다.

**박구자 변호사**　　존경하는 판사님, 그리고 배심원 여러분, 증인의 증언을 들으며 정치는 정말 어렵고 정답이 없다는 생각이 들지 않으셨나요? 증인처럼 모든 사람을 차별 없이 골고루 배려하는 이상적인 정치가 현실에서 좋기만 한 것은 아니라는 사실이 그대로 드러나는군요. 역시 현실에서는 이상보다 시대 상황에 맞는 최선의 정치가 필요하다고 판단됩니다. 피고인 송태조가 선택할 수 있었던 최선의 정치는 과연 무엇이었을까요?

방청석을 둘러본 박구자 변호사가 말을 이었다.

**박구자 변호사**    역시 문치주의 정치가 최선이었다고 생각합니다. 문관과 무관을 공평하게 대우해 주는 것이 이상적이기는 합니다. 그러나 5대 10국 시대를 거치면서 무인 절도사들의 횡포와 그로 인한 피해를 충분히 경험했습니다. 그들은 기회만 오면 황제의 간섭에서 벗어나 독립적인 활동을 했고 심지어 황제의 자리까지 욕심냈습니다. 50여 년의 짧은 기간 동안 5대 10국이라 불리는 많은 왕조가 세워졌다 사라진 이유도 여기에 있습니다. 이에 비해 문관들은 황제를 도와서 나라의 안정과 발전을 추구하려는 경향을 강하게 보여 주었지요. 결국 당시의 상황에서는 무인 절도사들의 힘을 약화시키는 것이 가장 급한 과제였고, 피고는 문치주의 정치를 통해 그 과제를 훌륭히 수행했습니다. 그래서 문인 사대부들이 새로운 주인공으로 등장하게 된 것이고요. 이러한 사실에 주목해 주실 것을 부탁드리며 증인 신문을 마치겠습니다.

판사　정치가 어렵다는 말을 여기에서도 실감하는군요. 원고 측 변호인, 증인을 신문하시겠습니까?

김딴지 변호사　저는 증인에게 한 가지만 확인하고 싶습니다. 증인이 죽고 전진 왕조가 망한 뒤 증인의 동족은 어떻게 되었나요?

부견　나의 동족은 내가 죽은 뒤 내 위패를 받들고 10년 정도 다른 민족의 침입에 완강히 저항했습니다. 이러한 예는 5호 16국의 다른 나라에서는 찾아볼 수 없죠. 동족들만이라도 나를 끝까지 위해 주었다는 사실에서 나는 위안을 얻고 있습니다.

김딴지 변호사　그렇군요. 증인의 말씀 잘 들었습니다. 증인이 겪은 민족 문제는 타고나는 것이지 사람의 힘으로 바꿀 수 있는 것이 아니지요. 그러나 문관과 무관의 문제는 다릅니다. 민족 문제 때문에 불행을 당한 증인도 동족 내부에서는 문관이든 무관이든 많은 사람들이 마지막까지 증인을 위해 주었다고 합니다. 증인의 덕치주의 정치가 이들의 마음을 움직인 결과가 아닐까요? 문관과 무관은 모두 나라에 필요한 존재입니다. 그럼에도 5대 10국 시대의 혼란이 무인 절도사들 때문이었다는 이유로 피고는 무관을 차별 대우하는 문치주의 정치를 실시했습니다. '자라 보고 놀란 가슴 솥뚜껑 보고 놀란다'는 속담이 떠오르는군요. 무관이면 다 똑같은가요? 5대 10국 시대 혼란의 주범은 무관 중에서도 정치권력에 관심이 많은 정치군인들 아니었나요? 그럼에도 정치군인의 성향이 강했던 피고는 다른 무관들도 다 자기와 같을 거라고 생각한 것 같습니다. 그러니 순수한 무관들의 활동까지 막으며 문관에게만 정치를 맡긴 것이지요. 따라서 문치주의 정치로 인해 군사력이 약해져서 나라 전체가 어려워진 책임이 피고에게 있다는 사실을 다시 한 번 강조하는 바입니다.

판사  원고 측과 피고 측이 서로 평행선을 달리는 주장만 되풀이하니 본 판사의 입장이 난처하군요. 게다가 원고 측에서는 피고를 정치군인으로 몰아가고 있고요. 이 주장의 타당성 여부를 둘러싸고 양측이 다른 입장을 보일 것은 뻔합니다. 따라서 이 문제 역시 흥미롭기는 하나 오늘은 더 이상 다루지 않고 이 정도로 멈추겠습니다. 증인은 자리로 돌아가도 좋습니다.

# 송나라의 사대부는
# 어떻게 살았을까?

**판사**　　그러면 오늘의 마지막 문제로 송나라 사대부들의 생활에 대해 살펴보겠습니다. 제가 말하는 사대부는 송나라 때 처음 생겨난 문인 사대부를 가리킵니다. 이들의 삶을 알아보는 것은 피고가 실시한 문치주의 정치의 결과를 평가하는 것이기도 합니다. 다시 말해 원고와 피고 양측이 주장하는 내용의 옳고 그름을 판단하는 데 중요한 열쇠가 된다는 뜻이지요. 어느 분이 먼저 발언하겠습니까?

원고 측과 피고 측이 각각 상의하느라 잠시 시간이 흐른 뒤 박구자 변호사가 먼저 입을 열었다.

**박구자 변호사**　　아무래도 문치주의 정치를 실시한 당사자이자 고소를 당한 우리 피고 측 얘기부터 들어 보아야 하지 않을까요?

**판사**　그렇게 하지요. 그럼 피고 측 변호인이 먼저 발언하시지요.

**박구자 변호사**　송나라 때는 과거 제도를 통해 관료가 된 사대부들이 새로운 지배 계급으로 등장하면서 이전 시대와는 완전히 다른 생활을 했습니다. 그러므로 문인 사대부들이 어떤 생활을 했는지 구체적으로 알아보기 위해 송나라의 대표적인 사대부인 왕안석을 증인으로 신청합니다.

**판사**　좋습니다. 증인은 나와서 선서해 주십시오.

**왕안석**　나는 이 자리에서 진실만을 말할 것을 선서합니다.

**박구자 변호사**　중국 역사에 관심이 있는 사람이라면 누구나 증인의 이름을 알고 있을 겁니다. 증인은 개혁 정치가로 알려져 있지요. 또 당나라와 송나라에서 글솜씨가 뛰어난 8명의 사람을 뽑아서 **당송 팔대가**라고 부르는데 증인은 그 안에 들어갈 만큼 문학적 재능이 뛰어났습니다. 증인이 특별한 것인가요, 아니면 송나라 때의 사대부들은 모두 증인처럼 다방면에 관심을 갖고 활동했나요?

**왕안석**　송나라 때 문인 사대부들은 대부분 어느 한 분야에 머물지 않고 다양한 활동을 했습니다. ▶앞서 증인으로 나온 사마광은 역사가로 명성을 떨쳤지만, 내가 실시한 개혁 정치를 끝까지 반대한 정치가로도 유명합니다. 내 개혁 정치를 '신법'이라 하고 사마광을 중심으로 한 정치를

교과서에는

▶ 왕안석은 송나라를 부유하고 강한 나라로 만들기 위해 신법이라는 개혁을 추진했습니다. 하지만 보수적인 구법당의 반대로 실패하고 말았지요.

'구법'이라 부르기도 하지요. 성리학을 완성한 인물로 주목받는 주희도 학자 또는 사상가로 이름이 알려져 있지만 나처럼 개혁 정치를 통해 현실 문제를 해결하려 했던 정치가이기도 합니다. 송나라의 사대부들은 이처럼 여러 분야에서 활동한 사람들이 많습니다.

**박구자 변호사**     그렇습니까? 보통 송나라의 사대부들은

> **성리학**
> 성리학은 남송의 주희가 집대성한 유교의 학파입니다. 우리나라에는 고려 말기에 들어와서 조선의 통치 이념이 되었습니다.

성리학과 같은 특정 학문이나 사상 또는 정치 이념을 강하게 고집하며 생활했다고 알려져 있지 않나요?

**왕안석** 　사대부 개개인이 스스로 엄격한 기준을 세워 놓고 그것에 맞추어 생활했다는 뜻이라면 그 말은 맞을 겁니다. 그러나 사대부들이 각자 어느 특정한 분야에만 집착하여 몰두하고 다른 분야에는 관심을 두지 않았다는 의미라면 그것은 틀렸다고 말씀드릴 수 있습니다. 송나라 사대부 사회의 특징은 비로 다양성입니다. 모든 사대부들이 하나의 사상이나 정치 이념을 따른 것이 아니라, 각자가 나름대로의 학문과 사상을 자유롭게 연구하고 그 결과를 실천에 옮기며 생활했지요. 송나라 때 사대부들 사이에 다양한 학파가 나타난 것이나 정치 개혁을 둘러싸고 수시로 당파 싸움이 일어난 것도 이러한 성향과 관련이 있습니다.

**박구자 변호사** 　말씀을 듣고 보니 송나라의 사대부들이 자유롭게 생활하며 다양한 분야에 관심을 쏟았고 그로 인해 학문적으로나 정치적으로 분열과 다툼이 많이 일어났다는 것을 알 수 있네요. 그렇다면 어떻게 해서 이런 일이 가능했는지 그 이유를 말씀해 주실 수 있나요?

**왕안석** 　그 이유는 지금 법정에 피고로 나와 있는 송태조 때부터 뿌리 깊게 자리를 잡은 문치주의 정치에 있습니다. 문치주의 정치의 결과로 나타나게 된 송나라 문인 사대부들의 특징을 좀 더 소개하고 싶군요.

**판사** 　말씀하십시오.

**왕안석**  ▸송나라 독서인들은 과거 시험을 통해 관료가 되었습니다. 그러니 과거 시험을 준비하는 일반 독서인들의 가장 큰 관심사는 시험 공부 그 자체였겠지요. 이에 비해 이미 과거에 합격한 관료라면 관직이 낮을 경우 승진에 관심이 많았을 것이고, 고위직 관료는 자신의 역할과 임무를 많이 생각했을 겁니다. 송나라의 문인 사대부들은 자신이 처한 입장에 따라 각기 다른 생활 모습을 보여 주었습니다. 그러면서도 이들은 모두가 독서인이라는 공통점을 가지고 있었지요. 또 대부분 정치에 관심을 갖고 있었습니다. 따라서 송나라의 문인 사대부는 학자이면서 동시에 정치인이었다고 볼 수 있지요. 그리고 이러한 성격이 송나라 문인 사대부들의 독특한 특징을 만들어 내기도 했고요. 다시 말해 송나라 사대부는 학자로서는 하나의 특정한 학문이나 사상 또는 전통에 얽매이지 않고 자신의 세계를 자유롭게 개척해 나갔으며, 정치인으로서는 천하와 국가에 대한 책임감을 갖고 정치 활동에 적극적으로 참여했습니다.

**박구자 변호사**  그러니까 송나라 때 다양한 학문과 사상과 문화가 발전하고, 정치적으로 현실 문제를 해결하기 위한 개혁이 여러 차례 시도되다가 그것이 당쟁으로 발전한 것도 결국은 송나라 사대부들의 성향과 밀접한 관련이 있다는 것이군요.

그렇다면 송나라가 이렇게 활기 넘치는 새로운 사회로 발전해 나가도록 만든 주인공이 문인 사대부이고, 또 이러

**교과서에는**

▶ 과거 제도가 처음 시작된 것은 수나라 때이고, 당나라도 과거를 통해 관리를 선발했어요. 하지만 당나라 과거 시험은 귀족들을 위한 것이었지요. 반면 송나라는 귀족만이 아닌 뛰어난 인재를 선발하기 위해 과거 제도를 시행했습니다. 그래서 송나라 지식인들은 과거에 합격하는 것을 인생의 목표로 생각했지요.

한 문인 사대부를 등장시킨 것이 문치주의 정치라는 결론이 나옵니다. 이렇게 볼 때 피고인 송태조가 실시한 문치주의 정치는 송나라만이 아니라 중국의 역사 전반에 걸쳐 중요한 역할을 한 셈이네요. 이에 대한 증인의 견해는 어떻습니까?

**왕안석**    나 역시 박 변호사님과 같은 생각입니다.

**박구자 변호사**    지금의 재판은 바로 이 문치주의 정치에 대한 평가를 목적으로 하고 있습니다. 증인도 문치주의 정치가 국가의 안정과 발전을 위해 꼭 필요한 것이었고 실제로 긍정적인 결과를 많이 가져왔다고 본다는 말씀인가요?

**왕안석**    그렇습니다. 물론 이 세상에 좋은 결과만 기대할 수 있는 정치란 존재하기 어렵지요. 문치주의 정치 역시 마찬가지라고 생각합니다. 그러나 제 입장에서 문치주의 정치를 평가한다면 긍정적인 면이 부정적인 면을 뛰어넘고도 남을 정도로 여러 가지 의미 있는 결과를 거둔 훌륭한 정치였다고 말씀드리고 싶습니다.

**박구자 변호사**    마지막으로 묻겠습니다. 증인께서 방금 여러 가지 의미 있는 결과를 거두었다고 말씀하셨는데, 그것이 무엇인지 구체적으로 지적해 주실 수 있나요?

**왕안석**    박 변호사님이 이미 지적했습니다만, ▶송나라 사회에 활기가 넘쳤다는 사실을 말씀드리고 싶군요. 이러한 활기 속에서 다양한 사상과 학파가 등장했으며 사대부들이 천하와 국가에 대한 책임감을 갖고 정치에 적극적으로 참여했으니까요. 덧붙여서 한 가지 더 지적하면, 황제

**교과서에는**

▶ 송나라 때는 서민 문학이 발전했습니다. 그래서 구어체로 된 문학이나 연극을 하기 위한 잡극 등이 나타났지요. 출판 문화도 발전하여 많은 역사책과 개인 문집이 출판되었고 사대부들은 문인화를 즐겨 그렸답니다.

의 자리가 상당히 안정되었습니다. 중국 내부의 권력 다툼 속에서 권력자들이 황제의 자리를 서로 뺏고 빼앗기던 이전 시대의 모습이 송나라 때부터는 사라지고 보이지 않습니다. 다만 민족 간의 갈등 또는 농민 반란과 같은 사회 문제 때문에 나라와 황제가 바뀌는 경우만 눈에 띄지요. 이러한 현상 역시 큰 변화라고 할 수 있는데, 문치주의 정치로 황제의 자리가 안정되면서 나타난 결과라고 말씀드릴 수 있습니다.

**박구자 변호사**    수고하셨습니다. 송나라의 문치주의 정치를 직접 경험하며 활동한 증인의 증언만큼 생생한 것이 어디 있겠습니까? 증언을 들으면서 저는 문치주의 정치의 필요성과 가치에 대해 더욱 확신을 갖게 되었습니다. 모든 정치에는 장단점이 있고 우리는 그 가운데 최선의 정치를 선택할 수밖에 없습니다. 그러므로 문치주의 정치의 경우 긍정적인 면이 부정적인 면을 뛰어넘고도 남을 정도로 훌륭한 정치였다는 증인의 평가는 우리 모두가 깊이 새겨들어야 합니다. 이 점을 다시 한 번 강조하며 증인 신문을 마치겠습니다.

**김딴지 변호사**    판사님, 이의 있습니다. 피고 측 변호인과 증인은 지금까지 본 재판의 기본 방향에서 벗어난 이야기만을 주고받다가 정작 핵심적인 문제는 거론도 하지 않은 채 발언을 마무리 지었습니다. 이번 재판은 분명히 문치주의 정치의 부정적인 측면을 문제 삼기 위해 시작되었습니다. 따라서 긍정적인 내용만을 강조한 피고 측 변호인의 신문 내용은 인정할 수 없습니다. 저는 그와는 다른 방법으로 증인을 신문해 보고 싶습니다.

판사    김 변호사는 여전하군요. 그러지 않아도 신문 기회를 드리려 했습니다. 신문하시지요.

김딴지 변호사    증인은 문치주의 정치의 긍정적인 면을 강조하며 훌륭한 정치라고 증언했습니다. 그러나 본 재판의 원고처럼 그로 인해 피해를 당한 사람이나 주변의 유목 민족들에게 시련을 겪은 국가의 입장에서는 증인과 같은 태도를 취하기 어렵다고 봅니다. 증인은 문치주의 정치의 혜택을 많이 받은 사람 중 한 명이지요? 그러니 문치주의 정치가 좋게 보일 수밖에 없겠지요. 그렇지 않은가요?

왕안석    내가 내린 평가이니 내 개인적인 생각에 불과하다고 할 수도 있겠지요. 그러나 나는 단순한 내 입장이 아니라 문치주의 정치의 결과로 나타난 여러 현상을 비교하여 말씀드린 겁니다.

김딴지 변호사    좋습니다. 그러면 다시 질문을 드려 보지요. 저는 증인이나 피고 측 변호인 모두 문치주의 정치의 부정적인 면에 대해서는 일부러 말을 안 한다는 느낌을 받았습니다. 이제 문치주의 정치의 부정적인 면에 대해서도 말씀해 주시지 않겠습니까?

왕안석    무언가 오해하신 것 같군요. 의도적으로 피한 적은 없습니다. 이미 원고 측에서 모두 밝히지 않았나요? 내 입으로 다시 말할 필요가 있을까요?

김딴지 변호사    우리 측에서는 피고인 송태조의 사과와 피해자에 대한 보상을 요구하기 위해 필요한 부분만을 문제 삼은 겁니다. 제가 알기로 송나라 때 사대부들 간의 당파 싸움이 끊이지 않았다고 하던데요. 이러한 당쟁 역시 문치주의 정치의 부정적인 모습이 아닐까요?

**왕안석**    글쎄요. 나는 오히려 반대로 생각합니다. 송나라의 사대부들이 천하와 국가에 대한 책임감을 갖고 자신의 임무에 열중하다 보니 정치적 이념이나 견해가 다른 경우 수시로 다툼이 벌어진 것은 사실입니다. 이것을 붕당과 붕당 간의 싸움, 즉 당쟁이라고 부르며 좋지 않게 보는 사람들도 있지요. 그러나 당쟁을 나쁘게만 생각할 필요는 없습니다. 내가 볼 때 송나라 때의 당쟁은 정치 이념이 서로 다른 사대부들이 정치에 참여하여 각자 자신의 역할에 충실하려다가 발생한 것입니다. 그렇다면 자신의 임무에 최선을 다하고 있는 사대부들의 모습을 보여 주는 증거가 바로 당쟁이고, 이러한 의미에서 얼마든지 당쟁을 긍정적으로 평가할 수 있다는 것이 내 생각입니다.

**김딴지 변호사**    증인은 지금 신성한 법정에서 증언하고 있습니다. 궤변으로 자신의 입장을 합리화해서는 안 되지요. 솔직히 말해 관료들이 서로 정권을 차지하기 위해 싸운 것이 당쟁 아닙니까? 힘을 합해도 모자랄 판에 문치주의 정치의 모든 혜택을 독차지하고 있는 사대부들이 당쟁으로 정권 다툼을 벌이며 분열과 혼란을 부추기는 모습을 어떻게 긍정적으로 평가할 수 있다는 말인가요? 당나라의 제14대 황제인 문종은 절도사를 제압하기는 어렵지 않으나 붕당을 없애기는 참으로 어렵다는 말까지 했다고 합니다. 무인 절도사들이 주는 피해보다 당쟁의 피해가 더 크다고 걱정한 문종 황제의 말을 저만 의미 있게 받아들이는 건가요?

**왕안석**    나처럼 당송 팔대가 중 한 명인 구양수의 「붕당론」이란 글

사대부들의 당쟁은 문치주의 정치의 부정적인 모습이지요.

당쟁은 사대부들이 자신의 임무에 최선을 다했다는 증거라고요.

을 보면 붕당에도 종류가 있다는 것을 알 수 있습니다. 당나라 때는 관료들이 서로 정권을 장악하려는 사사로운 목적을 가지고 붕당을 형성했지만, 송나라에서는 국가의 이익과 발전을 추구하다가 생긴 정치 이념의 차이 때문에 붕당이 만들어졌지요. 붕당이라고 해서 다 같은 붕당이 아님을 알 수 있습니다. 정치인들 사이에서 이념 차이로 인한 의견 대립은 늘 있게 마련이고, 정치는 이러한 대립을 거치며 발전한다고 생각합니다.

김딴지 변호사    그럼 당쟁이 정치를 발전시킨 예를 들어 주시지요.

왜 송나라에서 사대부 사회가 발전했을까?

**왕안석** 　송나라 때의 당쟁으로는 나와 앞서 증인으로 나온 사마광 사이에 벌어진 신법과 구법의 대립이 유명하지요. 그런데 그 모습이 요즈음 한국에서 보이는 진보와 보수의 대립과 비슷합니다. 빈부의 차이로 고통받는 가난한 백성을 국가가 나서서 구제하려고 했던 신법은 진보와 비슷하고, 향촌 사회의 자율적인 질서를 강조한 구법은 보수와 같다고 여겨지는군요. 김 변호사는 진보와 보수가 팽팽히 맞서고 있는 오늘날의 한국 사회도 분열과 혼란만 계속되고 긍정적인 측면은 기대하기 힘든 어두운 사회라는 부정적인 평가를 내리시겠습니까?

**김딴지 변호사** 　역시 증인의 명성은 그냥 얻어진 것이 아니군요. 대단한 말솜씨입니다. 그러나 송나라의 문인 사대부들이 각 분야에서 의미 있는 활동을 했고 또 국가에 대한 책임감을 갖고 정치에 적극적으로 참여했다고 해도 주변 민족과의 관계에서는 어려움을 벗어나지 못하고 늘 불이익을 당하다가 나라 전체를 빼앗긴 것이 사실입니다. 이보다 더 큰일이 어디에 있습니까? 그래도 긍정적인 면이 부정적인 면을 뛰어넘는다는 증인의 평가에 문제가 없다고 고집하실 건가요?

**왕안석** 　물론 주변 민족과의 관계에서 불이익을 많이 당한 사실은 인정합니다. 그러나 이러한 어려움에도 불구하고 송나라는 북송과 남송을 합쳐 320년 동안 건재했습니다. 강력한 군사력으로 주변 민족을 지배하며 동아시아 세계 질서를 이끌어 간 당나라의 수명이 290년이었죠? 중국 고대의 은나라나 주나라, 한나라 이후로 가장 오래 유지되었던 나라가 당나라인데, 송나라는 그보다 더 오래 유지되었던 겁니다. 그리고 이후에도 송나라만큼 긴 기간 유지된 나라는 없습니다. 세계 대제국을 건설했던 원나라가 176년, 명나라는 294년, 청나라는 296년 존속하여, 중국 역사에서 한 나라가 300년 이상 유지되기 힘들다는 것을 보여 주고 있습니다. 송나라가 320년의 역사를 지니고 있다는 것은 그만큼 국가 운영을 성공적으로 했다는 증거임에 틀림없지요. 그러니 송나라의 정치를 담당한 문인 사대부들의 활동과 그러한 활동을 가능하게 만들어 준 문치주의 정치가 훌륭한 정치였다고 자신 있게 말씀드리는 것입니다.

**김딴지 변호사**  증인의 억지가 정말 그럴듯하군요. 송나라가 320년 동안 유지된 사실은 인정합니다. 그러나 어떤 모습으로 유지되었는지, 그리고 그 과정에서 문인 사대부들은 어떤 태도를 취했는지 뒤돌아보면 자랑스러움보다 부끄러움을 느껴야 하지 않을까요? 나라는 온갖 수모와 불이익을 당하고, 문인 사대부들은 전쟁을 두려워하며 주변 민족들의 부당한 요구 앞에서 양보만을 일삼지 않았나요?

끝날 줄 모르고 이어지는 김딴지 변호사와 왕안석의 열띤 논쟁은 판사가 개입하면서 겨우 진정되었다.

**판사**  원고 측 변호인과 증인은 모두 진정하십시오. 송나라 사대부들의 역할에 대한 문제도 원고 측과 피고 측의 의견이 완전히 평행선을 달리는군요. 본 판사와 배심원들의 입장이 더욱 어려워지는 것 같습니다. 오늘은 이쯤에서 일단 재판을 마무리하겠습니다. 남은 문제는 다음 재판을 진행하면서 더 생각해 보기로 하지요. 증인은 자리로 돌아가서도 됩니다. 오늘 재판에 참여한 모든 분들의 발언 잘 들었습니다. 배심원 여러분도 수고하셨습니다. 이것으로 두 번째 재판을 마칩니다.

  땅, 땅, 땅!

# 왕안석과 사마광의 정책 대결

왕안석은 1042년 송인종 때 과거에 합격했습니다. 과거에 합격한 후에는 20년 정도 지방관으로 근무했어요. 이때 왕안석은 지방을 잘 다스려서 행정 능력과 학문을 두루 갖춘 관리로 이름이 높아졌습니다. 지방관으로 있으면서 송나라의 개혁을 주장했던 왕안석이 중앙으로 진출한 것은 1067년, 신종이 황제로 즉위한 이후랍니다. 신종은 20세의 젊은 나이에 황제로 즉위하면서 왕안석을 발탁했고, 왕안석은 전면적인 개혁을 시작했습니다.

왕안석은 정치, 경제, 사회, 군사, 교육 등 사회 모든 부분에 대한 개혁 정책을 시도했는데 이를 신법이라고 해요. 전해에 수확한 곡식이 다 떨어져서 먹을 것이 없는 춘궁기에 농민들에게 낮은 이자로 곡식을 빌려 주었다가 추수 후에 다시 돌려받는 개혁안을 내기도 했고 중소 상인에게 낮은 이율로 돈을 빌려 주는 정책을 내기도 했답니다. 즉 왕안석은 신법을 통해 부유한 농민이나 대상인으로부터 가난한 농민과 소상인들을 보호하려고 했지요.

하지만 모든 사람이 왕안석의 신법에 찬성한 것은 아닙니다. 지주나 대상인 출신의 관료들은 왕안석의 개혁에 반대했어요. 특히 사마광은 상인들과 이익을 다투는 것은 소인배나 하는 일이지 국가가 할 일이 아니라며 크게 반대했지요. 왕안석을 지지하던 신종이 죽고 철종이 즉위한 후 사마광은 재상이 되어 신법을 하나하나 폐지하고 구법을 시행했어요. 그러나 이후 다시 신법이 시행되었고, 신법과 구법의 대립은 계속되었답니다.

왜 송나라에서 사대부 사회가 발전했을까?

**다알지 기자**

　　안녕하세요. 오늘은 악비와 송태조의 두 번째 재판이 벌어졌는데요. 송나라에서 사대부가 어떤 사람들을 의미했고 어떤 역할을 했는지에 대해 자세히 알아보았습니다. 이전까지 사대부가 문관과 무관을 모두 포함하는 관료를 의미했다면, 송나라 때의 새로운 사대부는 무관이 빠지고 문관과 일반 독서인들만을 의미했다고 합니다. 그래서 재판에서는 문인 사대부라는 표현을 사용하기도 했습니다. 한편 송태조는 자신이 송나라의 황제가 된 과정을 실감 나게 들려주었는데요. 부하들의 추대로 어쩔 수 없이 황제가 되었다는 송태조의 발언에 증인으로 나온 송나라 장군 한통이 강하게 반발했지요. 오늘은 긴장감 넘치는 재판을 이끌고 있는 박구자 변호사와 김딴지 변호사를 만나서 이야기를 나눠 보겠습니다.

**박구자 변호사**

　　오늘 재판에는 피고 송태조에게 불리한 이야기가 조금 등장했습니다. 송태조가 정변으로 어린 황제를 몰아낸 일과 자신이 황제가 되도록 도와준 무인들을 억압한 일이 바로 그것이지요. 이 두 가지는 재판 내내, 그리고 역사적인 평가에서 항상 피고를 따라다니며 괴롭힐 것 같습니다. 하지만 불리한 점이 있었다고 해도 재판 결과를 걱정하지는 않습니다. 피고가 실시한 문치주의 정치는 정말 훌륭한 것이었으니까요. 문치주의 정치가 아니었다면 증인으로 나온 왕안석과 같은 문인들이 자유롭게 정치를 하고 개혁을 펼칠 수 있었겠습니까? 판사님과 배심원들이 문치주의 정치가 실시된 송나라 때부터 중국의 전통 사회가 새로운 활기를 띠며 발전해 나갔다는 사실을 이해해 준다면 우리에게 승산이 있다고 봅니다.

왜 송나라에서 사대부 사회가 발전했을까?

김딴지 변호사

　이번 재판의 가장 큰 목적은 원고 악비의
억울함을 풀어 주는 것입니다. 이를 위해서는 피
고 송태조가 실시한 문치주의 정치의 문제점이 무엇
인지를 있는 그대로 밝혀내야 하고요. 그래서 저는 피고를 공격하는
것에 변론의 초점을 두지 않았습니다. 송나라 문치주의를 다시 평가하
는 것이 이번 재판의 핵심이니까요. 피고 측도 문치주의 정치에 문제
가 있다는 사실을 외면하지 말고 인정해야 한다고 생각합니다. 다음
재판에서도 원고 악비의 승리를 위해 최선을 다하겠습니다.

# 송나라를 들여다볼 수 있는 유물

　과거 시험을 통해 관직에 오른 사대부가 주도적으로 나라를 이끌어 가던 중국의 송나라. 당시의 흔적이 남은 여러 가지 유물을 살펴보면서 송나라에서 중요하게 생각한 것은 무엇인지, 송나라 사람들은 어떻게 살았는지를 한번 살펴볼까요?

베개

　송나라 사람들을 포함하여 중국 고대 사람들은 도자기나 나무로 만든 단단한 베개를 좋아했어요. 사진 속 유물 역시 단단한 베개의 형태로 송나라 때인 12세기에 만들어진 것으로 보입니다. 검은색 바탕에 나뭇가지와 새, 나비가 흰색으로 새겨져 있으며 프랑스 파리의 기메 미술관에 보관 중입니다.

용천청자

철분이 조금 섞인 백토로 만든 형태 위에 유약을 입혀 구워 낸 자기의 일종이
바로 청자입니다. 유약은 초록이 섞인 푸른색을 띠지요. 중국의 경우 월주요청
자, 북송의 여관요청자, 남송의 관요청자, 용천요청자와 북방청자라 불리는 요
주청자, 임여요청자가 모두 조금씩 다릅니다. 사진 속 유물은 남송 시대에 만들
어진 용천청자로 유약이 두껍고 불투명한 것이 특징이지요.

중흥의 네 장군

중국 남송의 화가인 유송년의 작품으로 〈중흥의 네 장군〉이라는 이름이 붙어 있습니다. 1174년에서 1224년 사이에 그려진 것으로 보이지요. 송나라 보안군 사람인 유광세를 비롯한 여러 장군들의 모습으로 활과 화살을 든 사람, 칼을 허리에 찬 사람, 손을 가지런히 모은 사람 등 다양한 자세를 가진 것이 특징입니다. 그림을 자세히 보면 8명의 사람 중 4명에게만 이름이 적혀 있어 중흥의 네 장군이 이들을 가리킴을 짐작할 수 있답니다.

무준사범의 초상

중국 남송 임제종의 승려인 무준사범의 초상화로 1238년에 그려졌습니다. 임
제종은 중국 불교 선종 5가의 한 파로 우리 나라 선종은 대개 임제종의 법통을
이어받았지요. 비단에 먹으로 그림을 그리고 채색을 한 것으로 수염과 얼굴의
선들이 섬세하게 표현되어 있습니다.

# 송나라 사대부 사회는
# 어떻게 발전했을까?

1. 신분이 우선일까, 실력이 우선일까?
2. 안전이 중요할까, 이익이 중요할까?

교과 연계

역사
IX. 전통 사회의 발전과 변모
 1. 동아시아 전통 사회의 발전과 변모
  (1) 송의 발전과 북방 민족의 성장

# 1

# 신분이 우선일까,
# 실력이 우선일까?

재판 셋째 날, 세계사법정 앞은 마지막 재판에 대한 호기심과 소문을 듣고 몰려온 많은 사람들로 물결을 이루고 있었다.

"오늘은 사람들이 더 많아진 것 같은데."

"그러게 말이야. 법정 안으로 들어가지도 못하게 생겼는걸."

"악비의 억울함이 풀릴지 송태조가 오해에서 벗어날지 판가름 나는 날이니…… 늦게 온 우리가 잘못이지!"

법정 밖의 소란함과 달리 법정 안은 조용한 분위기 속에서 재판이 시작되었다.

판사   피고 송태조의 문치주의 정치에 대한 진상 조사가 오늘로 마무리되었으면 합니다.

왜 송나라에서 사대부 사회가 발전했을까?

피고의 문치주의 정치를 객관적으로 평가하기 위해서는 송나라 사대부 사회가 어떻게 발전해 나갔는지 구체적으로 조사해 볼 필요가 있습니다. 오늘은 이 문제를 크게 두 부분으로 나누어 살펴보려 합니다. 하나는 사대부 사회의 내부적인 발전 모습에 관한 것이고, 다른 하나는 외부적으로 사대부들이 주변 민족과의 관계에 어떻게 대응하며 사회를 이끌어 나갔는지에 대한 것입니다. 먼저 내부 문제를 검토한 다음 외부 문제를 조사하겠습니다. 송나라 사대부 사회의 내부적인 발전 모습에 대해 피고 측 변호인이 이야기해 주시겠습니까?

**박구자 변호사**　　네, 판사님. 이미 말씀드린 바 있습니다만, 저는 송나라 사대부 사회 내부에서 찾아볼 수 있는 새로운 활기를 무엇보다 먼저 지적하고 싶습니다. 이 활기가 송나라 전체를 새롭게 발전시킨 중요한 힘이었기 때문입니다. 그리고 이 활기는 당시의 사대부들이 이전 시대와 다른 새로운 의식을 지니면서 나온 것이고요. 이러한 측면에서 저는 송나라 사대부들이 지니게 된 새로운 의식에 대한 문제를 중점적으로 다루어 보고 싶습니다.

판사　　피고 측 변호인의 뜻은 잘 알겠습니다. 원고 측 변호인은 이에 대해 어떻게 생각합니까?

김딴지 변호사　　저도 피고 측 변호인의 제안에 동의합니다. 다만 피고 측이 지난 재판 때처럼 긍정적인 면만 강조하지 말고 부정적인 측면도 정확하게 밝혀 사실 그대로를 공정하게 평가하려는 자세를 보여 주었으면 합니다.

판사　　좋습니다. 그럼 송나라 사대부들의 새로운 의식이 무엇인지

**사농공상**
선비, 농민, 공장(수공업에 종사하던 장인), 상인을 말합니다. 선비가 가장 높은 직업이고 상인이 가장 낮은 직업이었지요.

**박구자 변호사**  네, 판사님. 당나라 때까지 이어진 귀족 사회에서는 가문과 신분을 우선적으로 생각하는 분위기가 강했죠. 그러나 송나라 사대부 사회에서는 개인의 실력을 무엇보다도 중요하게 생각했습니다. ▶송나라에서는 과거를 볼 때 부정행위를 막고 답안지를 공정하게 채점하는 걸 중시했는데요, 이는 수험자의 실력을 정확히 평가히여 실력에 맞는 대우를 해 주기 위해서였습니다. 또 송나라 황실이나 명문가에서는 과거 시험에 높은 점수로 합격한 사람을 찾아 가문 등을 상관하지 않고 사위로 삼기도 했지요.

**판사**  송나라에서 개인의 실력을 중요하게 여기는 사회 분위기가 형성되었다는 지적은 어느 정도 이해가 됩니다. 하지만 의아한 점이 있습니다. 송나라 때도 가문이나 신분의 구별이 엄연히 존재하지 않았나요? 일반 백성은 **사농공상** 등 직업에 따라 차별을 받았고, 관료들은 1품부터 9품까지 높고 낮은 품계에 따라 다른 대접을 받았지요. 특히 관료와 일반 백성은 지배 계급과 피지배 계급이라는 신분 차이 때문에 국가로부터 받는 대우도 달랐을 것입니다. 송나라 역시 중국 전통 사회의 틀을 완전히 벗어나기는 어렵지 않았을까요? 가문이나 신분보다 한 개인의 실력을 더 중요하게 여기는 의식이 송나라 때 형성되었다고 말하는 것은 아무래도 과장된 느낌이 드는군요.

**박구자 변호사**  송나라 때 가문이나 신분, 직업에 따른 차

**교과서에는**

▶ 송나라 때는 과거 시험을 채점할 때 답안지의 이름을 가려 채점자가 누구의 답안인지 볼 수 없게 했어요. 그리고 글씨체를 알아볼 수 없도록 답안지를 다른 종이에 옮겨 적어 채점하게 했습니다.

송나라 수도 카이펑의 모습(《청명상하도》 중에서)

별이 완전히 없어졌다는 뜻은 아닙니다. 오래전부터 이어져 온 전통적인 의식이 쉽게 바뀔 리 없겠지요. 그런데 송나라 사회에 대한 역사학자들의 연구 내용을 보면, 농업과 상업의 발달로 각 지방에 시장이 등장하고 또 시장에서 사람들이 직접 매매에 참여하면서 사농공상 등 직업의 구분은 큰 의미를 지니기 어렵게 되었다는 설명이 나오더군요. 사실 송나라 황제의 부인, 즉 황후 중에는 휘종 황제 때의 정 황후나 고종 황제 때의 오 황후처럼 아버지가 상인 출신인 경우도 있었습니다. 가문이나 신분, 직업에 따른 차별 의식이 그만큼 약해졌다는 증거 아닐까요?

판사  피고 측 변호인이 송나라 사회에 대해 공부를 많이 했군요. 좋습니다. 그럼 다음 문제로 가문이나 신분, 직업보다 개인의 실력을 중요하게 여기는 새로운 의식이 어떻게 생겨났고 그것이 사회 발전에 어떤 영향을 주었다는 것인지 정리해 주시겠습니까?

왜 송나라에서 사대부 사회가 발전했을까?

**박구자 변호사**　　새로운 의식이 생긴 이유는 당연히 송나라의 문치주의 정치에서 찾을 수 있습니다. 문치주의 정치의 영향으로 송나라 과거 제도에는 개인의 학문 능력만을 보고 합격자를 뽑는 원칙이 자리 잡았습니다. 동시에 뛰어난 인재를 채용하기 위해 태종 황제 때부터 사·농은 물론이고 그동안 차별 대우를 받던 공·상·잡류 출신 중에서도 탁월한 능력을 갖춘 자에게는 과거 시험을 볼 기회를 주었지요. 선발된 사람에게는 국가가 그 실력에 맞는 대우를 해 주었고요. 사회 분위기가 이러하니 개인의 실력을 중요하게 여기는 새로운 의식이 생기는 것도 당연하지 않겠습니까?

　　박구자 변호사의 말에 방청객들은 놀랍다는 반응을 보였다.
　　"아니, 장사꾼도 능력만 있으면 과거 시험을 볼 수 있었다는 거야?"
　　"그럼 문치주의가 좋은 건가?"
　　"조용히 좀 해. 박구자 변호사가 계속 이야기하잖아."

**박구자 변호사**　　그리고 개인의 실력을 우선시하는 이러한 의식이 가문이나 신분, 직업에 따른 차별을 무너뜨리면서 송나라 사회는 변화하고 발전했습니다. 이제 실력이 없으면 가문이나 신분을 유지하기 어렵고, 반대로 실력이 있으면 새로운 가문과 높은 신분을 얻게 되었지요. 그러니 자신의 실력을 키우기 위해 누구나 노력하게 되었고, 그 결과 과거에 합격하여 관료가 되면 자신을 인정해 준 국가의 은혜에 보답하기 위해 책임감을 갖고 정치에 적극적으로 참여했습니다. 이처럼 자신의 실력을 갈고닦고 그것을 실천에 옮긴 사대부들의 새로운 의식과 끊임없는 노력이 사회에 활기를 불어넣어 송나라가 새롭게 발전해 나갈 수 있었습니다.

판사 　문치주의 정치와 과거 제도의 영향으로 개인의 실력을 중요하게 생각하는 새로운 의식이 송나라에 자리를 잡았고, 또 그것이 사회에 활기를 불어넣어 송나라가 발전했다는 것이군요. 피고 측 변호인의 주장에 대해 원고 측 변호인은 어떻게 생각하나요?

김딴지 변호사 　가문이나 신분보다 개인의 실력을 중요하게 생각하는 새로운 의식이 송나라 사회에 활기를 불어넣었고 그 활기가 사회 발전에 중요한 영향을 주었다는 설명에는 동감합니다. 다만 저는 피고 측 변호인과 조금 다른 입장에서 그 활기의 영향으로 송나라에 새로운 문제점이 나타났다는 사실을 지적하고 싶습니다. 이를 위해 남송 이종 황제 때 재상의 자리에까지 오른 조규 장군을 증인으로 신청하고자 합니다.

판사 　증인은 증인석으로 나와 선서해 주시기 바랍니다.

조규 　나는 이 자리에서 진실만을 말할 것을 선서합니다.

김딴지 변호사 　나와 주셔서 감사합니다. 증인의 아버지도 장군이었지요? 증인은 무인 집안에서 태어나 무인으로 활동했지만 81세에 죽음을 맞이할 때까지 국가로부터 최고의 대우를 받으셨더군요. 문치주의 정치로 문인 사대부들이 권력을 장악하고 있던 송나라에서 어떻게 이런 성공적인 삶을 사셨는지, 그리고 무관으로 생활하면서 겪은 어려움은 없었는지 이야기를 듣고 싶어 증인으로 모셨습니다.

먼저 증인의 성공에 대해 들려주셨으면 합니다.

조규   내가 송나라에서 성공할 수 있었던 이유는 당연히 무관 본연의 임무에 충실하여 적과의 싸움에서 많은 승리를 거두었기 때문이지요. 나는 아버지의 영향을 받아 젊어서부터 금나라와의 싸움에 참여했고, 그 경험이 무인으로서의 내 능력을 키워 주었습니다. 문인 사대부의 학문적인 능력이나 국가에 대한 책임감이 아무리 뛰어나다 해도 전쟁터에서는 그런 게 그다지 쓸모가 없습니다. 나와 같은 무관들의 역할이 무엇보다 중요하지요.

나는 나라를 위해 나의 모든 것을 바쳐 적과 싸웠습니다. 이것은 내 자랑이 아니라 황제께서도 인정한 내용입니다. 전쟁터로 나가는 병사들을 앞에서 이끌며 몸을 바쳐 나라의 은혜에 보답하려 한 내 행동에 대해 이종 황제께서는 문관들이 하기 어려운 일을 했다고 칭찬을 아끼지 않으셨지요. 황제의 인정까지 받았으니 내 성공은 보장되었던 셈입니다.

김딴지 변호사   맞는 말씀입니다. 그러나 이번 재판의 원고인 악비 장군도 증인처럼 많은 공을 세웠지만 끝내는 젊은 나이에 불행한 죽음을 맞이했습니다. 증인과는 완전히 다른 모습이지요. 왜 이러한 차이가 발생했을까요? 증인은 무인이라는 이유로 차별을 받지 않았나요?

조규   문치주의 정치를 기반으로 삼고 있는 송나라 사대부 사회에서 무인이 나와 같은 성공을 거두기는 쉽지 않았습니다. 어쩌면 불가능할 수도 있었지요. 악비 장군의 운명은 송나라 무인의 현실을

추밀사
나라의 비밀과 군사 문제를 다
루던 관직입니다. 오늘날의 국
방부 장관에 해당하지요.

보여 준 것이라고 나는 생각합니다. 북송 인종 황제 때 뛰
어난 공을 세운 적청 장군도 무관으로는 드물게 **추밀사** 자
리에까지 올랐다가 온갖 의심을 받으며 지방관으로 밀려
나서 49세의 나이에 병에 걸려 죽었지요. 이처럼 무관들의
성공이 곧바로 불행으로 이어지는 것을 목격한 나는 맡은 임무에만
충실했을 뿐 관료로서의 출세에는 마음을 두지 않았습니다. 재상과
같은 국가 최고의 자리에 임명될 때마다 번번이 사양한 이유도 바로

왜 송나라에서 사대부 사회가 발전했을까?

여기에 있지요. 내가 81세까지 살면서 죽기 전이나 죽은 후에 국가로부터 분에 넘치는 대우를 받은 것은 역시 스스로 몸을 낮추며 문인 중심의 사대부 사회에 잘 적응했기 때문이 아닐까요?

**김딴지 변호사**　증인도 마음고생을 많이 하셨군요. 피고 측 변호인의 지적처럼 송나라에는 개인의 실력을 중요하게 생각하는 새로운 의식이 자리 잡고 있었습니다. 그렇다면 증인과 같은 무인들이 지니고 있는 무인 나름의 특성과 실력도 인정받아야 하는 것 아닌가요? 유목 민족의 침략에 끊임없이 시달리던 송나라 입장에서는 실력 있는 무인들을 키우고 대우해 주는 일에 당연히 관심을 가져야 했을 텐데 오히려 무관을 억압하고 문치주의 정치에만 매달렸으니 답답합니다. 증인처럼 황제의 인정을 받는 무관이 나서서 이런 문제를 해결할 수는 없었나요?

**조규**　문치주의 정치에 뿌리를 둔 송나라 사대부 사회의 성격을 바꿀 수 있는 사람은 당시에 아무도 없었습니다. 심지어 황제도 문치주의 정치의 원칙에 어긋난 일은 마음대로 할 수 없었지요. 분위기가 이러니 문인 사대부들은 저절로 자신들이 최고라는 **안하무인**의 권위 의식을 가지고 학문 지식만을 중요하게 여기며 나와 같은 무인들의 능력은 무시하거나 인정하지 않는 오만함을 지니게 된 것입니다.

　증언 내용이 문치주의 정치와 문인 사대부들의 문제점을 공격하

**안하무인**
눈 아래 사람이 없다는 뜻으로, 사람이 오만해서 다른 사람을 업신여길 때 쓰는 말입니다.

**어불성설**
말이 이치에 맞지 않을 때 쓰는
말입니다.

는 쪽으로 바뀌자 곧바로 박구자 변호사가 이의를 제기하며 말했다.

**박구자 변호사**    판사님, 이의 있습니다. 원고 측은 또다시 엉뚱한 트집을 잡고 있습니다. 원고 측 주장대로라면 송나라 문인 사대부들은 완전히 자기만 잘난 줄 알고 무인들을 무시하면서 나라의 어려움을 돌보지 않은 무책임한 존재라는 결론에 도달합니다. 이게 대체 말이 됩니까? 증인은 무관이면서도 능력과 업적을 인정받아 최고의 관직까지 수여받는 영광을 누리지 않았나요? 그럼에도 이율배반적인 증언을 하고 있으니 어이가 없습니다. 당시의 사회 상황에 대한 원고 측의 몰지각한 이해와 자기중심적인 주장은 더 이상 들을 가치가 없다고 생각합니다.

박구자 변호사의 이의 제기에 김딴지 변호사 역시 반발하고 나섰다.

**김딴지 변호사**    판사님! 증인은 자신이 보고 듣고 느낀 대로 증언하고 있는 것입니다. 피고 측 변호인의 이의 제기는 말 그대로 **어불성설**입니다.

**판사**    좋습니다. 증인은 무엇을 근거로 송나라의 문인 사대부들이 안하무인의 권위 의식과 오만함을 지니고 있었다는 것인지 분명한 근거를 제시해 주시기 바랍니다. 그러지 않으면 본 법정은 증인의 주장을 받아들이지 않겠습니다.

조규 　 나는 선서한 대로 내가 보고 겪은 진실을 말씀드린 겁니다. 송나라 때는 과거 제도를 통해 개인의 학문 능력을 공정하게 평가하려 애썼습니다. 그러다 보니 유교 경전에 대한 암기력이나 글을 쓰는 문학적 기교가 평가의 대상이 되었고 인간의 품성이나 덕목은 소홀히 다루어질 수밖에 없었지요. 당시에도 이러한 문제점을 지적하는 사람들이 있었지만 고쳐지지 않았습니다. 그 결과 과거 시험에 합격하여 관료가 된 송나라의 문인 사대부들은 자신들만이 천하와 국가를 책임지고 있다는 착각에 빠져 스스로를 최고라 생각하면서 나와 같은 무관들의 능력이나 활동을 인정하지 않았습니다. 그것을 오만함과 안하무인 말고 또 무엇이라 표현할 수 있겠습니까?

김딴지 변호사 　 증인의 심정이 이해는 갑니다. 그러나 증언 내용이 좀 더 설득력을 갖추려면 문인 사대부들이 무인의 능력이나 활동을 어떻게 인정하지 않았다는 것인지 자세한 설명이 뒤따라야 할 것 같군요. 혹시 구체적인 증거나 경험담을 말씀해 주실 수 있나요?

조규 　 나는 최고 관직까지 오르긴 했지만 사실 무관이라는 이유 때문에 늘 살얼음판을 걷는 기분으로 생활했고 그 과정에서 여러 가지 서글픈 경험도 했습니다. 이종 황제께서 나를 재상으로 임명할 당시에도 나는 네 번이나 글을 올려 사양했지요. 내가 왜 국가가 주는 명예로운 관직을 흔쾌히 받아들이지 않고 거절했겠습니까? 그건 바로 문인 중심의 사대부 사회에서 나와 같은 무인이 지닐 수밖에 없는 한계를 잘 알았기 때문입니다. 그리고 사실 내가 재상의 자

리에서 밀려난 것은 단순히 내가 사양했기 때문만이 아니었습니다. 재상의 자리에는 독서인이 올라야 한다며 주변에서 나를 반대하여 물러난 것이지요. 내가 아무리 재상 자리를 사양했더라도 내 의지로 물러나는 것과 다른 사람들의 반대 때문에 밀려나는 것은 다릅니다. 나로서는 기분이 좋을 리가 없지요.

김딴지 변호사     잘 알았습니다. 존경하는 판사님, 그리고 배심원 여러분, 독서인이 아닌 무인이라 주변에서 반대하여 재상의 자리에서 물러나게 되었다는 서글픈 심정을 밝힌 증인의 마지막 발언을 기억해 주십시오. 피고 측이 말하는 새로운 활기란 결국 문인 사대부들에게서 찾아볼 수 있는 것이고, 무인들은 그로 인해 소외감을 느끼고 오히려 의욕이 꺾였습니다. 또 학문 실력만을 중시하다 보니 인간적인 품성과 덕목이 부족한 문인 사대부들이 등장함으로써 송나라 사회는 갈등을 겪었지요. 이런 문제점을 가진 송나라의 문치주의 정치가 과연 사회 발전에 어떤 도움을 주었다는 걸까요? 이상으로 증인 신문을 마치겠습니다.

판사     피고 측 변호인은 원고 측의 증언에 대해 더 할 말이 있나요?

박구자 변호사     문인과 무인을 대립이나 갈등의 관계로만 생각하는 원고 측 태도에 근본적인 문제가 있는 것 같군요. 원고 측의 말을 듣다 보면 송나라 문인 사대부는 오만한 권위주의자이고 무인은 그들로부터 따돌림을 당한 피해자였다는 생각이 듭니다. 문인과 무인의 출신 성분이나 활동 내용이 다른 것은 분명합니다. 그러나 그 차이 때문에 이들을 대립과 갈등을 겪을 수밖에 없는 서로 동떨어진 두 세력으로 구분한다면 송나라 사회를 올바르게 이해할 수 없습니다. 문인과 무인의 차이보다는 각 개인의 성격과 송나라 현실에 대한 인식을 더 중요하게 살펴보아야 합니다. 저는 이러한 사실을 밝히기 위해 원고인 악비를 죽음으로 몰고 간 당사자로 지탄받고 있는 진회를 새로운 증인으로 신청합니다.

# 송나라의 과거 제도

　송나라에서 관료가 되려면 과거 시험에서 합격해야만 했습니다. 신분이 낮은 사람이라도 과거 시험만 합격하면 관료가 될 수 있었지요. 그래서 송나라 청년들은 과거 시험에 합격하기 위해 열심히 공부를 했어요. 보통 남자아이는 다섯 살부터 4서와 5경을 외우기 시작했다고 합니다. 이 책들을 모두 암기해서 글을 쓸 수 있어야 과거 시험에서 답안을 쓸 수 있었기 때문이지요. 그런데 이 책들의 글자 수는 43만 자 정도 되어서 하루에 100자씩 매일 외워도 모두 외우는 데 12년이나 걸렸습니다.

　하지만 아무리 열심히 공부를 해도 과거 시험의 경쟁률이 워낙 높아서 합격하는 사람보다 떨어지는 사람이 더 많았어요. 보통 경쟁률이 1000대 1을 넘겼다고 해요. 그래서 끊임없이 과거 시험을 보다가 73세에 합격한 사람도 있었다고 합니다.

　이렇게 경쟁률이 높다 보니 과거 시험장에서 부정행위를 하는 사람들도 있었습니다. 도시락 속에 예상 답안을 쓴 쪽지를 숨겨서 시험장에 들어가기도 했고, 속옷에 글을 써서 입고 시험을 보러 가기도 했지요. 이런 부정행위를 없애기 위해 황제가 직접 과거 시험을 감독하기도 했답니다.

# 2  안전이 중요할까, 이익이 중요할까?

**판사**　원고 측 증인은 자리로 돌아가셔도 좋습니다. 피고 측에서 원고를 불행으로 몰고 간 장본인 진회를 증인으로 신청한 것은 뜻밖이지만 매우 흥미롭군요. 증인 진회는 나와서 증인 선서를 해 주시기 바랍니다.

**진회**　나는 이 자리에서 진실만을 말할 것을 선서합니다.

**판사**　피고 측 변호인, 신문해 주세요.

**박구자 변호사**　네, 판사님! 이 자리가 증인에게는 매우 부담스러울 겁니다. 그러나 매듭은 묶은 자가 풀어야 한다는 말도 있듯이, 이번 소송에서 무엇보다 증인의 증언이 중요한 역할을 할 것이라고 봅니다. 증인의 솔직한 이야기를 들을 수 있기를 기대합니다. 증인의 이름은 그동안 간신이나 매국노를 가리키는 대명사처럼 여겨져 왔습니다. 왜 이러한 일이 발생했는지, 그리고 증인은 본 재판의 원고인 악비를 어떻게 생각하고 있는지 먼저 말씀해 주시지요.

진회    내가 권력을 독차지하려는 욕심에서 금나라와 몰래 통하며 악비를 모함해 죽음으로 몰아넣었고 그 결과 북중국의 땅을 영원히 빼앗겼다는 엉터리 소문 때문에 내가 그런 누명을 뒤집어쓴 것입니다. 악비 장군의 불행은 나도 안타깝게 생각합니다. 그러나 정치란 냉정하지요. 황제나 재상이나 아니면 어떤 한 개인을 위한 정치는 존재하지 않고 존재해서도 안 됩니다. 나는 이와 같은 마음으로 재상으로서 내 임무를 수행했습니다. 악비의 일 역시 내 개인적인 욕심이 아니라 국가를 위한 것이었지요.

박구자 변호사    증인은 엉터리 소문 때문에 누명을 썼다고 하셨는데, 그렇다면 세상 사람들이 증인을 오해하여 부당하게 대우하고 있다는 말인가요?

진회    역사 인식은 한번 잘못되면 바로잡기가 정말 힘들지요. 몇몇 학자들이 나에 대한 잘못된 평가를 바로잡으려 시도하기도 했습니다만 사람들의 생각은 쉽게 바뀌지 않더군요.

김딴지 변호사    판사님, 이의 있습니다. 피고 측은 천하가 아는 사실을 교묘한 말로 뒤집으려 하고 있습니다. 본 재판은 피고 측 증인의 변명이나 하소연을 듣기 위해 열린 것이 아닙니다. 피고 측 변호인이 제안한 대로 지금은 송나라 사람들이 당시의 현실을 어떻게 바라보았는지에 초점을 맞추어야 합니다. 재판의 목적에 맞지 않는 피고 측 증인의 발언 태도는 경고를 받아 마땅합니다.

**판사**    원고 측 변호인의 말대로 본 재판은 증인과 관련된 문제를 다루기 위해 열린 것이 아닙니다. 만일 증인에게 억울한 일이 있다면 나중에 따로 소송을 제기하면 됩니다. 피고 측에서는 증인과 본 재판의 원고인 악비가 어떻게 서로 죽고 죽이는 관계로 얽히게 되었는지를 밝히는 일에만 관심을 가져 주기 바랍니다.

**박구자 변호사**    잘 알겠습니다. 원고인 악비와 저희 측 증인으로 나온 진회는 송나라 사회에 대한 인식과 대치 방법이 서로 달랐기 때문에 불행한 관계로 얽히게 되었습니다. 이 차이 때문에 두 사람은 피해자와 가해자라는 서로 다른 운명에 놓였지요. 그렇다면 피해자와 가해자 중 누가 옳고 누가 그르다고 분명하게 말할 수 있을까요? 저는 불행한 사건 앞에서 두 사람 모두 그 사건의 피해자라고 생각합니다. 바꾸어 말하면 송나라의 시대 상황이 두 사람을 피해자와 가해자라는 서로 다른 모습의 불행으로 몰고 갔다는 것이지요. 우선 증인의 입을 통해 원고인 악비와 증인 사이에 불행한 사건이 발생했던 당시 상황에 대해 들어 보고 싶습니다.

**진회**    말씀드리겠습니다. 나라 안팎이 혼란스럽고 불안하여 걱정과 근심이 가득한 상태를 내우외환이라 하지요? 내가 재상으로 있을 당시 송나라 상황이 그랬습니다. ▶당시 금나라는 송나라로부터 북중국을 빼앗은 것도 모자라 송나라에 대한 공격을 멈추지 않았습니다. 황제와 조정 대신들의 걱정은 끊이지 않았지요. 전쟁 때문에 백성이 겪는 고통도 말로 표현하기 어려웠고요. 내가 보기에 금나라와

교과서에는

▶ 12세기 초 송나라는 금나라에게 화베이 지방을 빼앗겼어요. 나라를 남으로 옮겨 남송을 세운 후에는 금나라와 화친 관계를 맺었습니다. 그리고 송나라는 금나라에 신하의 예를 갖추었지요.

의 전쟁에서 우리가 승리를 거두어 북중국의 땅을 되찾기는 불가능했습니다. 만약 박 변호사가 나처럼 재상의 자리에 있다면 이런 경우에 어떤 결정을 내리겠습니까?

**박구자 변호사**     글쎄요. 저라면 금나라와의 전쟁을 멈추기 위해 노력하겠습니다.

**진회**     그렇지요. 누가 보아도 전쟁을 멈추고 평화를 되찾는 일이 필요하다는 판단을 했을 겁니다. 나 역시 그렇게 했고, 황제와 조정의 대신들도 나와 뜻을 함께했습니다. 그러나 금나라와의 전쟁을 끝까지 고집하는 사람들도 있었습니다. 본 재판의 원고인 악비도 그중 한 명이었지요. 그런데 그때 불만을 품은 원고가 모반을 꾀하고 있다는 고발장이 접수되었습니다. 그러니 어떻게 하겠습니까? 진상 조사를 했지만 의혹이 풀리지 않았기 때문에 원고는 불행한 일을 당한 것입니다.

진회의 이야기를 불만스러운 표정으로 듣고 있던 김딴지 변호사가 이의를 제기했다.

**김딴지 변호사**     판사님, 이의 있습니다. 피고 측은 여전히 자신들의 입장을 합리화하는 데에만 열중하고 있군요. 잘 아시다시피 원고인 악비는 금나라와 직접 싸운 당사자입니다. 원고만큼 금나라 군대의 군사력을 잘 아는 사람이 있었을까요? 원고가 아무런 근거나 자신감 없이 금나라와의 전쟁을 주장하지는 않았다고 봅니다. 제가 원고

인 악비에게 몇 가지 사실을 확인한 다음 피고 측 증인을 신문하고
싶습니다.

판사 　 피고 측 변호인은 어떻게 생각하나요?

**박구자 변호사** 　 원고 측 변호인의 이의 제기는 어이가 없습니다. 사
실을 있는 그대로 받아들이지 못하고 의심만 하려는 태도가 매우 불
쾌하군요. 다만 가해자라고 할 수 있는 증인의 증언을 들었으니 이에
대해 피해자인 피고가 어떻게 생각하는지도 들어 보아야 하겠지요.

　 왜 송나라에서 사대부 사회가 발전했을까?

판사   그러면 원고 측 변호인의 증인 신문을 허락합니다.

김딴지 변호사   감사합니다. 먼저 원고에게 묻겠습니다. 피고 측 증인은 원고가 평화보다 전쟁을 고집했다고 말합니다. 정말로 그랬나요?

악비   네, 맞습니다. 그러나 평화보다 전쟁을 좋아하는 사람이 있을까요? 내가 아무리 군인이라고 해도 나 역시 평화로운 세상을 원합니다. 군인은 평화를 위해 존재하니까요. 이상하게 들리겠지만, 내가 금나라와의 전쟁을 고집한 이유는 진정한 평화를 위해서였습니다. 김 변호사님도 생각해 보십시오. 두 분의 황제와 황후 및 여러 관료들이 포로로 잡혀갔고 또 중국의 중심지인 황허 강 유역의 북중국을 금나라에 빼앗긴 현실을 그대로 인정하는 평화가 진정한 평화일까요? 나는 그것이 앞으로 더 큰 불행을 예고하는 비굴한 타협이라고 생각했습니다. 전쟁을 승리로 이끌 각오와 자신도 있었고요. 나는 지금도 비굴한 타협을 선택한 증인의 생각을 이해할 수가 없습니다.

김딴지 변호사   진정한 평화가 아니라 비굴한 타협이기 때문에 받아들일 수 없었다는 것이군요. 다음 질문입니다. 원고는 모반의 죄 때문에 불행한 죽임을 당했습니다. 모반을 꾀한 것이 사실인가요?

악비   군인의 가장 큰 명예는 나라를 위해 싸우다 전쟁터에서 죽는 것입니다. 그러지는 못할망정 모반을 꾀하다니요? 상상도 할 수 없는 일입니다. 나와 내 가족, 동료들은 말도 안 되는 누명을 쓰고 죽거나 고통을 겪었습니다. 사람들이 나의 억울함을 풀어 주려고 사당을 세우고 제사를 지내 주는 오늘날의 모습만 보아도 내가 누명을 쓰고 억울하게 죽었다는 사실을 알 수 있지 않을까요?

**김딴지 변호사**     원고의 말이 사실이라면 오늘 피고 측 증인으로 나온 진회는 큰 잘못을 저지른 셈입니다. 이제 피고 측 증인에게 묻겠습니다. 원고인 악비는 두 가지 내용을 밝혔습니다. 하나는 당시 증인이 추진한 평화 정책이 비굴한 타협이라는 것이고, 또 하나는 터무니없는 모반죄로 증인이 원고를 죽음으로 몰아넣었다는 것입니다. 먼저 비굴한 타협이라는 주장에 대해 증인은 어떻게 생각하나요?

**진회**     나는 금나라에 포로로 잡혀간 적이 있어서 금나라에 대해 잘 알고 있었습니다. 우리 송나라의 힘으로 그들을 물리칠 수 있다면 얼마나 좋았겠습니까? 그러나 당시 금나라와의 전쟁은 계란으로 바위를 치는 것이었지요. 부질없는 전쟁은 더 큰 고통만 안겨 줄 뿐입니다. '2보 전진을 위한 1보 후퇴'라는 말도 있지 않습니까? 이런 나의 평화 정책을 비굴한 타협이라고 깎아내리다니! 원통하군요. 나는 단지 송나라의 미래를 진심으로 걱정했을 뿐입니다.

**김딴지 변호사**     증인은 당연히 그렇게 말하겠지요. 또 그러한 판단을 했으니까 평화 정책을 추진했으리라고 생각합니다. 그런데 원고 악비는 금나라 군대와 여러 차례 싸워 본 인물입니다. 직접 부딪쳐 보니 해 볼 만했기에 자신감을 갖고 금나라 수도까지 공격하겠다는 의지를 보인 것 아닌가요? 온갖 수모와 손해를 감수하면서 평화만을 외치던 증인과, 국가의 자존심을 걸고 적과의 싸움을 끝까지 포기하지 않으려 한 원고의 모습을 사람들이 어떻게 받아들일지 생각은 해 보셨나요?

진회    재상으로 있던 나에게는 사람들의 생각보다 국가의 운명이 더 중요했습니다. 악비 때문에 나라 전체를 혼란에 빠뜨릴 수는 없는 일 아닙니까? 원고의 판단은 직접 마주쳐 싸운 눈앞의 적에 대한 것이지 송나라와 금나라의 힘을 정확하게 비교하고 분석하여 나온 것이 아닙니다. 나라고 빼앗긴 영토를 그대로 포기하고 우리 황제가 금나라 황제를 임금으로 섬기는 굴욕을 당하는 것이 좋겠습니까? 어찌 해마다 많은 양의 은과 비단을 금나라에 넘겨주고 싶었겠습니까? 그러나 정치는 현실이고 미래입니다. 현실을 모르거나 무시하는 정치는 미래도 이끌 수 없습니다. 당시 송나라의 미래를 보장받기 위한 최선의 방법은 일단 금나라와의 전쟁을 멈추고 평화를 정착시킨 뒤 훗날을 대비하는 것이었어요. 이러한 판단이 그릇되지 않았다는 확신을 나는 지금도 가지고 있습니다.

김딴지 변호사    증인의 발언은 참으로 교묘하군요. 갑자기 원고를 비롯한 송나라의 무인 출신 장군들이 불쌍하다는 생각이 듭니다. 그들이 국가를 위해 목숨을 바쳐 싸운 것은 증인이 볼 때 어리석은 짓이었다는 얘긴가요?

진회    물론 적과 싸워야 할 경우가 있고 타협해야 할 경우가 있겠지요. 원고와 같은 장군들이 몸을 바쳐 적의 침략을 막아 주었기 때문에 남송이 다시 세워질 수 있었고 그 공로는 누구도 부인하지 못합니다. 그러나 적과의 싸움만으로는 나라를 안정시킬 수도 없고 발전을 기대하기도 어렵습니다. 필요할 때는 평화를 위한 노력도 해야지요.

**김딴지 변호사**  글쎄요. 당시의 상황이 증인의 생각처럼 평화를 필요로 한 때였는지, 아니면 원고의 판단처럼 금나라와 전쟁을 계속하는 것이 좋았는지는 쉽게 판단이 서지 않는군요. 이 문제는 역사학자들의 전문적인 연구에 맡겨야 할 것 같습니다.

그러면 다음 문제로 넘어가겠습니다. 원고는 억울한 죽음을 당했다고 주장합니다. 도대체 어떤 증거가 있었기에 원고와 그의 가족, 동료를 죽음으로 몰아넣었나요?

**진회**  이미 말씀드렸듯이 당시의 상황은 매우 불안했습니다. 따라서 힘센 군사력을 지닌 원고와 같은 인물이 국가 정책에 반대하고 나서면 사회가 더 혼란스러워질 수 있었지요. 그런데 그때 하필 원고가 모반을 꾀하고 있다는 고발까지 들어왔습니다. 당연히 진상 조사가 이루어졌고요. 결정적인 증거는 확보하지 못했지만, 원고가 평소 국가 정책에 불만을 품고 있었다는 사실을 생각하면 모반의 가능성을 완전히 떨쳐 버릴 수도 없었습니다. 아무리 그때까지 충신이었다 해도 반역자가 될 가능성이 있다면 그대로 살려 둘 수 없는 것이 당시의 상황이었지요. 원고의 불행은 결국 국가의 안전을 무엇보다도 우선시하던 당시의 시대 상황이 만들어 낸 비극이었다고 생각합니다.

**김딴지 변호사**  그건 합리화에 불과합니다. 아무런 증거도 없는 상태에서 모반의 가능성이 있다는 억지를 내세우며 나라를 위해 충성

왜 송나라에서 사대부 사회가 발전했을까?

을 바쳐 온 신하를 죽음으로 몰아넣다니, 어떻게 이런 일이 있을 수
있습니까? 모든 일의 옳고 그름이 당시 권력을 장악하고 있던 증인
에 의해 결정되었다는 느낌을 지울 수가 없습니다. 원고인 악비의
모반 사건도 평화 정책에 걸림돌이 되는 원고를 제거하기 위해 증인
이 뒤에서 조작했다고 생각하는 사람들이 많습니다. 이러한 잘못에
대해서 증인은 아무런 양심의 가책도 느끼지 않나요?

**진회**    내가 원고의 모반 사건을 조작했다는 주장은 터무니없습니다. 나도 원고의 불행을 안타깝게 생각합니다만, 정치는 냉혹합니다. 당시 상황에서 원고의 불행은 어쩔 수 없었다고 말씀드릴 수밖에 없군요.

**김딴지 변호사**    지금까지 본 법정에서 오간 원고와 증인의 말을 정리해 보면, 원고는 무관으로서 국가의 자존심과 이익을 되찾기 위해 최선을 다했고, 증인은 문관으로서 국가의 안전을 무엇보다 우선시했다는 사실을 알 수 있습니다. 국가의 이익이 우선이냐 안전이 우선이냐의 차이가 결국 두 사람의 운명을 갈라놓았던 것이지요.

존경하는 판사님, 배심원 여러분, 원고가 모반을 꾀했다는 어떠한 증거도 찾아내지 못했음을 증인 역시 인정했습니다. 그러므로 원고의 불행은 결국 본인의 잘못에서 비롯된 것이 아니라 문관 중심의 사회가 추구하던 안전 제일주의에 적응하지 못한 무관이 겪을 수밖에 없었던 운명으로 이해해야 합니다. 이런 의미에서 피고인 송 태조의 문치주의 정치로 인해 형성된 문인 중심의 사대부 사회가 무관인 원고의 불행을 가져왔다는 사실을 한 번 더 강조하지 않을 수 없습니다.

**판사**    좋습니다. 그러면 증인 진회에 대한 신문을 끝내겠습니다. 증인은 자리로 돌아가셔도 좋습니다. 원고와 피고, 그리고 두 분 변호사와 증인들 모두의 발언을 잘 들었습니다. 지금까지의 재판 내용을 생각해 보면 이번 재판은 말 그대로 역사적인 재판이라 할 수 있습니다. 각자의 입장 차이를 분명히 느낄 수 있었지만 또 한편으로

왜 송나라에서 사대부 사회가 발전했을까?

는 모두에게 그럴 만한 이유가 있어서 최종 판결이 쉽게 나올지 걱정스럽기도 합니다. 이제 많은 시간이 지난 만큼 잠시 휴정한 뒤 원고와 피고 두 사람의 최후 진술을 듣는 것으로 오늘 재판을 마치겠습니다.

**다알지 기자**

드디어 오늘 악비와 송태조의 재판이 끝났습니다. 두 사람의 최후 진술만 남겨 놓고 있는 상황이지요. 오늘 재판에는 원고 악비를 죽음으로 몰고 간 장본인, 진회가 증인으로 등장해서 모두를 놀라게 했습니다. 진회가 등장한 순간 법정에는 긴장감이 가득했다고 합니다. 진회는 당시 악비가 모반을 꾀했다는 증거는 없었지만 가능성은 충분했고, 나라의 안정을 위해서는 단호한 결단을 내릴 수밖에 없었다고 증언했지요. 한편 무인 출신이면서 재상 자리에까지 올랐던 조규도 증인으로 등장해서 무인이기 때문에 재상 자리를 여러 번 사양할 수밖에 없었던 가슴 아픈 사연을 들려주기도 했습니다. 그럼 오늘은 재판을 보러 온 방청객과 잠시 이야기를 나눠 보도록 하죠.

하주

나는 하주라고 합니다. 송나라 때 어사 중승이란 관직에 있으면서 원고 악비의 사건을 조사했던 사람 중 한 명입니다. 나도 처음에는 원고를 오해했지요. 그러나 조사하는 과정에서 그가 누명을 쓰고 있다는 사실을 알게 되었습니다. 원고는 '진충보국'이라는 글자를 등에 문신으로 새길 정도로 나라를 위한 충성심이 대단했습니다. 내가 그 글자를 직접 확인했습니다. 나는 문관이지만 원고가 무관으로서 보여 준 활동과 태도는 존중받아야 한다고 생각합니다. 오늘 재판의 결과가 어떻게 나올지 정말 궁금하네요.

**남송 고종**

　　나는 남송의 첫 번째 황제인 고종입니다. 오늘 재판을 보며 마음이 매우 무거웠습니다. 악비의 애국심은 나도 인정합니다. 그러나 지나치면 부족한 것만 못하다는 말이 있지요. 악비의 지나친 애국심이 국가 운영에 걸림돌이 된 것도 사실입니다. 그리고 이번 재판은 원고와 피고 두 사람만의 문제가 아닙니다. 개인과 국가의 문제이지요. 국가를 위하는 입장에서는 송태조의 문치주의 정치가 최선이었다고 말할 수밖에 없습니다. 원고의 억울함이 안타깝기는 하지만 판사와 배심원들이 현명한 판결을 내려 주시리라 믿습니다.

　　왜 송나라에서 사대부 사회가 발전했을까?

# 무인을 차별한 잘못을 인정하세요
## vs
## 문치주의 정치가 송나라를
## 발전시켰습니다

**판사**　이제 마지막으로 당사자들의 최후 진술을 들어 볼 시간입니다. 배심원단과 내가 최종 판결을 내리는 데 영향을 끼치니 신중하게 발언해 주시기 바랍니다. 먼저 원고부터 발언하세요.

**악비**　존경하는 판사님, 그리고 배심원 여러분, 나는 송나라의 장군으로서 부끄럽지 않게 살기 위해 노력했습니다. 그리하여 전쟁터에서 많은 승리를 거두고 사람들로부터 분에 넘치는 칭송을 듣기도 했지요. 그러나 한편으로는 국제 정세와 국내 사정을 정확하게 파악하지 못하는 뼈아픈 실수도 했습니다.

당시 재상으로 있던 진회와 고종 황제는 문치주의 정치에 깊숙이 빠져 전쟁보다는 평화를 원했고, 현실의 안전을 위해서는 국가의 이익을 포기해도 좋다는 태도까지 보여 주었습니다. 반면 나와 같은 무관들은 빼앗긴 영토를 되찾고 국가의 자존심을 되살리려 노력했지요. 결국 섭섭함을 느낀 내가 나름대로 항의를 표시한 것이 화근이 되어 나는 모반의 죄목으로 죽음을 당하는 불행한 운명을 맞게 되었습니다.

증인으로 나온 진회도 인정했듯이 내가 모반을 꾀했다는 증거는 전혀 없습니다. 그런 사실이 없으니 증거가 있을 리 없지요. 그럼에도 가능성이 있을 수 있다며 내게 말도 안 되는 혐의를 뒤집어씌웠습니다. 따라서 나의 불행은 문관 중심의 송나라 문치주의 정치가 추구하던 안전 제일주의에 내가 적응하지 못한 탓으로 돌릴 수밖에 없습니다. 조규 장군의 증언을 통해서도 송나라의 무인들이 문치주의 정치 때문에 어떤 어려움을 겪었는지 잘 알 수 있지요.

이렇게 무관의 활동이 움츠러든 현실 속에서 송나라가 주변의 유목 민족에게 시련을 당하며 어려움을 겪었던 것은 당연합니다. 동시에 이러한 송나라의 나약한 모습이 본 재판에 피고로 나온 송태조의 문치주의 정치에서 비롯되었다는 사실 또한 분명하고요.

충성스러운 문관과 용감한 무관은 국가를 위해 모두 필요합니다. 그럼에도 피고는 무관들을 차별 대우 하며 문관만을 우대하는 문치주의 정치를 송나라의 정치로 채택했습니다. 그 결과 송나라에는 문인 중심의 사대부 사회가 형성되어 나와 같은 무인들은 소외당했을 뿐만 아니라 나라와 백성이 계속 시련을 겪었지요.

결국 나는 물론이고 나약해진 송나라가 겪은 불행의 뿌리를 찾아 올라가 보면 피고인 송태조의 문치주의 정치와 만나게 됩니다. 그래

왜 송나라에서 사대부 사회가 발전했을까?

서 피고에게 나와 국가의 불행에 대한 근본적인 책임을 묻는 겁니다. 현명한 판결로 모든 진실이 밝혀져서 그에 맞는 보상이 이루어지기를 희망합니다.

판사    수고하셨습니다. 그럼 이번에는 피고의 진술을 듣겠습니다.

송태조    내가 문치주의 정치를 실시한 목적이 무인이나 국가를 불행에 빠뜨리려던 것이 아님은 원고 측도 잘 알고 있으리라 믿습니다. 나에게는 송나라가 안정 속에서 계속 발전하기를 바라는 마음이 무엇보다도 컸지요.

존경하는 판사님, 배심원 여러분, 나 역시 무인 출신입니다. 국가에는 충성스러운 문관 못지않게 용감한 무관도 필요하다는 사실을 잘 알고 있습니다. 그러나 정치는 그때그때 상황에 맞추어 가장 필요한 것을 선택할 수밖에 없습니다. 이상적인 정치만 추구하다가는 곧바로 여러 가지 어려운 문제에 부딪치는 것이 현실이기 때문입니다.

내가 황제로 즉위할 당시 중국은 두 가지 문제에 직면해 있었습니다. 하나는 5대 10국 시대 무인들의 횡포를 잠재우는 일이었고, 또 하나는 계속 힘이 강해지는 주변 민족의 위협에 대처하는 것이었습니다. 그중 무인 문제를 해결하는 일이 무엇보다도 급한 눈앞의 과제였습니다. 그리고 이 문제를 해결하기 위해서는 문치주의 정치를 실시하는 것 외에 다른 선택의 여지가 없었습니다. 나는 주변 민족과의 문제는 외교적인 방법으로 해결책을 마련할 수 있다고 믿었습니다.

따라서 문치주의 정치는 내가 선택할 수 있는 최선의 통치 방법이었다고 지금도 말씀드릴 수 있습니다. 나는 이러한 판단에 따라 문치주의 정치를 실시했고 그 결과 송나라는 어려운 국내외 여건 속에서도 300년이 넘는 오랜 기간 동안 발전해 나갈 수 있었던 것입니다. 그래서 문치주의 정치가 내 개인의 욕심을 채우기 위해 권력을 남용한 것이라는 원고의 주장은 인정할 수 없습니다. 또한 문치주의 정치를 채택할 당시 내 마음속에는 원고와 같이 국가를 위해 몸과 마음을 바친 무관들을 불행에 빠뜨리려는 생각이 티끌만큼도 없었습니다. 때문에 자신의 불행에 대한 보상을 요구하는 원고의 주장 역시 받아들이기 어렵습니다.

나는 원고의 불행에 대한 책임이 다른 누구에게 있다고 보지 않습니다. 혼란이 계속되는 나라의 상황에 제대로 대처하지 못한 원고 자신에게 가장 큰 책임이 있다고 생각합니다. 판사님과 배심원 여러분의 현명한 판결이 있기를 부탁드리면서 최후 진술을 마치겠습니다.

판사    수고하셨습니다. 원고 측, 피고 측, 그리고 배심원단 여러분, 지금까지 모두 고생 많았습니다. 배심원의 의견은 배심원단 대표가 나에게 전달해 주시기 바랍니다. 나는 배심원의 의견을 참고하여 판결을 내리겠습니다. 그때까지 방청객 여러분도 이 사건에 대해 각자 판결을 내려 보시기 바랍니다. 이상으로 재판을 마칩니다.


땅, 땅, 땅!

## 역사공화국 세계사법정 재판 번호 18 악비 VS 송태조

---

### 주문

---

역사공화국 세계사법정은 악비가 송태조를 상대로 제기한 권력 남용 죄와 자신이 겪은 불행에 대한 피해 보상 청구 중 권력 남용 죄는 기각하고 피해 보상 청구는 인정한다.

---

### 판결 이유

---

원고 악비는 피고 송태조가 개인적인 욕심 때문에 권력을 남용하여 문관만을 우대하는 문치주의 정치를 실시함으로써 무관이 배척당했을 뿐만 아니라 그로 인해 송나라가 주변 민족으로부터 끊임없는 시련을 겪었다고 주장한다. 동시에 자신의 억울한 죽음 역시 이와 무관하지 않다고 강조했다.

개인과 국가 두 요소 중 어느 하나만을 가지고 피고인 송태조의 문치주의 정치를 말하기는 힘들다. 그러나 문치주의 정치로 인해 용감한 무관들이 소외당한 것은 분명해 보인다. 또한 그 결과 송나라가 국제 관계에서 많은 어려움을 겪게 되었음에도 무관에 대한 억압은 사라지지 않았다. 원고가 자신의 불행에 대한 근본적인 원인을 문치주의 정치에서 찾는 것도 그럴 만한 까닭이 있는 것이다. 그러므로 문치주의 정치를 실시한 피고에 대한 원고의 피해 보상 청구를 인정한다.

다만 5대 10국 시대 무인 사회의 혼란상을 생각할 때 문치주의 정치가 당시로서는 최선의 선택이었다는 피고의 주장 역시 무시할 수 없다. 황제로서 한 나라의 안전과 발전을 책임져야 할 피고의 결단에 의해 문치주의 정치가 나타났고 그 결과 송나라가 오랜 기간 동안 안정 속에서 발전해 나갈 수 있었다는 사실은 인정받아야 한다. 따라서 피고에게 권력 남용 죄를 적용하기는 어렵다.

피고인 송태조 조광윤의 문치주의 정치에 대한 평가는 보는 각도에 따라 긍정적일 수도 있고 부정적일 수도 있다. 이번 재판은 문치주의 정치의 긍정적 측면이 아니라 원고 악비 장군의 억울한 죽음을 초래한 문치주의 정치의 부정적 측면을 다루는 데 목적이 있었다. 그리하여 문치주의 정치의 결과 문인 사대부들이 정치와 사회를 주도해 나가면서 무인들이 알게 모르게 차별 대우를 받은 사실이 밝혀졌다. 송나라 문인 사대부들의 성장 뒤에 원고와 같은 무인들의 불행이 숨겨져 있는 것이다. 승자와 패자, 가해자와 피해자, 문인과 무인, 개인과 국가는 항상 함께 존재할 수밖에 없다. 이 엄연한 사실을 염두에 두고 어느 한쪽에 치우치지 않은 균형 잡힌 시각으로 역사를 바라볼 필요가 있음을 지적하며 본 재판의 판결을 마무리한다.

역사공화국 세계사법정 담당 판사 참진리

## "나, 진회는 평화를 위해
## 어쩔 수 없는 선택을 한 겁니다"

악비와 조광윤의 재판이 끝난 지금, 한여름의 열기가 온 대지를 뒤덮고 있다. 매미들 울음소리가 가득한 거리에는 뜨거운 태양열 때문인지 이따금 지나가는 차량들 말고는 사람을 찾아보기 어렵다.

에어컨이 돌아가는 시원한 사무실에서 오후의 더위를 피하며 서류 정리에 열중하고 있는 박구자 변호사에게 낯익은 손님이 찾아왔다. 한 손에 부채를 들고 이마의 땀을 닦으며 변호사 사무실로 들어서는 60대 중반의 노인을 보고 박 변호사는 깜짝 놀랐다. 지난번 재판에 증인으로 출석했던 진회였다. 반가우면서도 그가 찾아온 이유가 궁금했다.

"어서 오세요. 또 이렇게 뵙는군요. 지난번에 증인으로 나와 주셔서 고맙기도 하고 미안한 마음도 있었는데 다시 뵈니 반갑네요. 그런데 이 더운 날씨에 어쩐 일이세요?"

"당연히 박 변호사를 만나려고 왔지요. 지난번에 증언을 할 때 판사가 한 말이 잊히지 않아서요. 박 변호사도 기억할지 모르겠는데, 억울한 일이 있으면 따로 소송을 제기하라고 했지요."

"네, 저도 기억합니다."

"역시 기억하는군요. 나는 그동안 나에 대한 평가와 내가 겪고 있는 수모에 침묵을 지켜 왔습니다. 그러나 악비가 송태조로부터 피해 보상을 받아 내는 모습을 보고 새로운 사실을 깨달았지요. 나도 가만히 있어서는 안 되겠다는 것입니다. 악비에 대한 평가는 많이 과장되어 있고, 나는 근거 없는 오해와 모함을 받고 있습니다. 이 문제를 더 이상 방치해서는 안 될 것 같군요."

박 변호사도 증인으로서 진회를 만날 때부터 그에 대한 소문이 잘못되었다고 느끼고 있었다.

"나도 대감께서 오해받고 있다는 것을 어느 정도 느끼고 있습니다. 그런데 송나라 역사책인『송사』에 대감이 사람들을 부추겨 악비를 죽음으로 몰아넣었다는 기록이 있더군요. 어떻게 이런 일이 벌어진 것인가요?"

진회는 한숨을 내쉬며 앞에 놓인 시원한 음료수를 한 모금 마신 뒤 당시의 상황을 설명했다.

"지난 법정에서 밝혔듯이 악비 장군의 죽음은 당시의 시대 상황이 만들어 낸 비극입니다. 평화와 안정이 무엇보다 필요했던 시점에 금나라와의 전쟁을 고집하던 악비는 많은 사람들로부터 외면당할 수밖에 없었지요. 그에 대한 경계심이 높아진 상태에서 그가 모반을 꾸민다는 고발장까지 접수되었으니, 그의 불행을 누구 탓으로 돌리겠습니까?"

박구자 변호사는 한층 진지한 태도로 변했다.

"그러면 대감께서 사람들을 시켜 악비를 모함했다는 『송사』의 기록이 사실과 다르다는 것인데, 역사 기록이 그렇게 잘못 쓰일 수도 있나요?"

"역사가들은 사실 그대로를 기록으로 남겨야 한다는 정신이 강하지만 그들 역시 사람이기 때문에 한계를 지닐 수밖에 없지요. 개인적인 선입관도 있을 수 있고, 정보 수집 능력이나 지식 수준 등에도 차이가 있을 것입니다. 또 국가와 민족 또는 시대에 따라 달라지는 사회 분위기 등의 영향을 받아서 사실과 다른 기록을 쓸 수도 있고요. 역사책에 들어 있는 내용이라고 하여 무조건 믿어서는 안 된다는 것이 나의 생각입니다."

"대감의 말씀이 사실이라면 『송사』의 내용만이 아니라 악왕묘 앞에 무릎을 꿇린 대감의 철제 조각상을 만들어 오늘날까지 수치를 겪게 하고 있는 것도 정말 억울하고 참기 힘드시겠군요."

박구자 변호사의 말에 진회는 자신의 답답한 마음을 하소연하듯 털어놓았다.

"사람들은 악비를 영웅이라 말하며 삼국 시대 촉나라의 관우 장군과 함께 가장 존경하는 인물로 손꼽습니다. 이에 비해 나에 대해서는 평화를 핑계 삼아 나라를 팔아먹은 매국노라거나 악비와 같은

왜 송나라에서 사대부 사회가 발전했을까?

충신을 살해한 간신이라 욕하기도 하고, 금나라를 위해 일한 간첩으로 몰아붙이기도 합니다. 이런 황당한 오해와 모함 때문에 지금까지도 악왕묘 앞에서 수모를 겪고 있는 것이지요. 뿐만 아니라 사람들은 이름을 지을 때 내 이름인 '회' 자를 쓰는 것을 피할 정도로 나를 싫어하게 되었습니다. 얼마나 비참한 심정인지 모릅니다."

박구자 변호사는 진회의 말에서 그의 절박한 심정을 느낄 수 있었다. 만일 『송사』에 잘못된 내용이 있다면 바로잡아야 하고 사람들에게도 그 사실을 알려야 한다는 생각이 들었다. 그러면서도 왜 이러한 일이 벌어졌는지 궁금하기도 했다.

"그런데 사람들은 왜 그런 오해를 하게 된 것일까요?"

"선입관이겠죠. 악비는 피해자이고 재상으로서 막강한 권력을 지녔던 나는 가해자라는 생각 때문에 피해자에 대한 동정심과 가해자에 대한 비난의 심리가 작용한 게 아닐까 싶네요. 또 평화를 위해 송나라가 자존심이 많이 상하고 물질적으로 큰 손해를 입었던 것도 원인이 되었으리라 생각합니다. 난들 어찌 송나라의 굴욕적인 모습을 보고 싶었겠습니까? 그러나 당시에는 그렇게 해서라도 평화를 지키는 일이 가장 시급했습니다. 평화를 위해 원치 않는 굴욕을 참아야 했다는 측면에서 보면 나 역시 가해자가 아니라 피해자라고 보는 것이 맞지 않을까요?"

"맞는 말씀인 것 같기도 하군요."

진회의 이야기를 들으며 박구자 변호사의 마음은 움직이고 있었다.

"우리 변호사들의 임무가 바로 억울한 누명을 쓴 피해자들을 돕는 것입니다. 말씀대로 『송사』의 잘못된 기사와 오해 때문에 대감께서 심한 고통을 받고 계시다면 당연히 그 잘못을 바로잡고 오해를 풀어야 하겠지요."

"그럼 박 변호사께서 나를 좀 도와주시오."

우리가 읽고 있는 역사 기록이나 전해 들어서 알고 있는 이야기 중에 잘못된 내용이 얼마든지 있을 수 있다는 사실을 다시 한 번 깨달은 박구자 변호사는 오해와 수모로 고통을 겪는 진회를 위해 새로운 소송 준비에 들어가기로 마음먹었다.

왜 송나라에서 사대부 사회가 발전했을까?

# 송나라의 옛 도읍, 카이펑

중국 허난 성 북동부에 가면 중국에서 오래된 도시 중 하나로 손꼽히는 카이펑이 있습니다. 카이펑은 오래전부터 여러 왕조의 사랑을 받았지요. 춘추전국시대의 위, 5대 10국의 후량, 후진, 후한, 후주 및 북송, 금 등의 왕조가 이곳에 수도를 건립하였답니다.

특히 송나라가 도읍을 이곳에 정함으로써 큰 발전을 이루게 되었어요. 송나라 화가 장택단이 그린 〈청명상하도〉를 보면 당시 카이펑의 모습을 짐작할 수 있어요. 당시 카이펑에는 다양한 상점과 오락 시설이 갖추어져 있었답니다. 인구가 100만 명 이상이었다고 알려져 있지요. 그래서 맹원로의 『동경몽화록』에는 "성문이 열리고 시장이 서면 행상인들은 수레를 끌고 먹을거리나 물건을 소리 높여 팔러 돌아다닌다. 성 밖에서는 고기나 과일을 마차에 싣고 줄줄이 시장으로 운반해 온다."라고 번성한 카이펑의 모습을 적어 두었지요.

송나라 도읍이었던 카이펑에는 당시의 문화재들이 많이 남아 있답니다. 송나라 궁전 유적을 비롯하여 상국사, 철탑 등이 있지요. 상국사 안에는 번탑이라는 탑이 있는데, 977년에 세워졌으며 7000여 개의 벽돌로 구성되어 있다고 합니다. 그리고 위의 사진에 보이는 8각 13층 철탑은 가늘고 긴 탑으로 북송 초기의 건축이라고 전해지지요. 사실 이름은 철탑이지만 실제로는 유리 벽돌로 만들어졌습니다. 원래 목탑으로 만들어졌는데 북송 1044년에 벼락을 맞아 타 버렸고 5년 뒤에 재건한 것이 지금까지 남아있다고 합니다. 카이펑에는 〈청명상하도〉를 재현한 관광지인 '청명상하원'이 있어 그 당시 집들과 결혼식 풍경을 볼 수 있기도 하지요.

찾아가기  중국 허난 성 북동부

카이펑에 있는 송의 궁전 유적

카이펑에 있는 철탑

**한 걸음
더!
역사 논술**

『역사공화국 세계사법정 18 왜 송나라에서 사대부 사회가 발전했을까?』와 관련한 논술 문제를 풀어 봅시다.

※ 다음 제시문을 읽고 물음에 답하시오.

(가) 송나라에서 과거제가 정착되면서 사대부가 새로운 사회의 주도층이 되었어요. 사대부는 과거를 통해 유교 경전 실력과 문장력을 인정받으면 관리로 등용되었지요. 이후 가문보다는 실력을 중시하는 사회 기풍이 자리 잡게 되었답니다.

(나) 고려 무신 정권 때부터 중앙 정치에 진출하였던 신진 사대부는 공민왕의 개혁 정치를 통해 본격적으로 활동하게 되었답니다. 성리학을 사상 기반으로 한 이들은 과거를 통해 정계에 나설 수 있었지요. 이들 신진 사대부는 조선 왕조를 개국하는 데 큰 역할을 하였답니다.

(다) 조선 시대에 들어 사대부는 주로 현직·전직 관리를 중심으로 한 유교적 지식 계급을 지칭하게 되었어요. 이들에게는 엄격한 유교적 예의가 요구되었는데, 한 예로 『경국대전』에 "사대부는 그 처가 사망한 후 3년이 경과하지 않으면 재혼할 수 없다"는 내용이 담겨 있습니다.

1. (가)는 중국 송나라 때 사대부에 대한 내용이고, (나)는 고려 말 신진
   사대부에 대한 내용이며, (다)는 조선 시대 사대부에 대한 내용입니다.
   (가)~(다)의 공통점과 차이점을 쓰시오.

   -------------------------------------------
   -------------------------------------------
   -------------------------------------------
   -------------------------------------------
   -------------------------------------------
   -------------------------------------------
   -------------------------------------------
   -------------------------------------------
   -------------------------------------------
   -------------------------------------------
   -------------------------------------------

※ 다음 제시문을 읽고 물음에 답하시오.

(가) 송나라는 960년에 개국한 뒤 카이펑에 도읍을 잡았어요. 하지
    만 1126년 여진족이 세운 금나라가 침입해 오자 북쪽 지역을
    내주고 강남으로 옮겨 임안에 천도하였습니다. 카이펑이 도읍
    이던 시대를 북송, 임안이 도읍이던 시대를 남송이라고 하지요.

(나)

〈청명상하도〉

2. (가)는 송나라가 수도를 옮긴 이유에 대해 적은 것이고, (나)는 송나라
의 수도였던 카이펑의 모습을 그린 그림입니다. 이렇게 수도를 이전하
면 어떤 영향이 있을지 유추하여 쓰시오.

-------------------------------------------------------------

-------------------------------------------------------------

-------------------------------------------------------------

-------------------------------------------------------------

-------------------------------------------------------------

-------------------------------------------------------------

-------------------------------------------------------------

-------------------------------------------------------------

-------------------------------------------------------------

왜 송나라에서 사대부 사회가 발전했을까?

**해답 1** 중국과 고려, 조선의 상류층을 가리켜 사대부라고 합니다. 나라와 시대에 따라 사대부의 의미는 조금씩 달랐죠. (가)에서 설명한 송나라의 사대부는 뛰어난 학문과 사상을 지니고 있으면 누구나 인정받을 수 있었어요. 이들이 과거를 통해 관직에 진출했기 때문에 가문보다 학문실력을 중요시하는 분위기가 자리를 잡았지요. (나)에서 설명한 고려의 신진사대부 역시 이와 비슷한데, 과거를 통해 중앙 정치로 진출한 인물들이었지요. 그러나 (다)에서 설명한 조선의 사대부는 이미 형성된 유교적 지식 계급을 지칭하는 것으로 보아야 합니다.

**해답 2** 수도, 즉 도읍은 한 나라의 통치 기관이 있는 정치 활동의 중심지예요. 그래서 (나)의 그림에서도 알 수 있듯이 많은 사람이 거주했지요. 하지만 수도는 여러 가지 이유로 이전되기도 한답니다. (가)에서처럼 외세의 침입을 받는 것도 그 이유 중 하나입니다. 우리 역사에서도 수도 이전 사례를 찾아볼 수 있어요. 고구려의 경우 주몽이 졸본에 세운 수도를 유리왕이 국내성으로 옮겼고, 장수왕이 남진 정책을 위해 평양성으로 옮겼답니다. 이렇게 수도를 이전하는 것은 한 나라의 정치, 경제, 사회, 문화 등 모든 활동의 중심지가 새로운 곳으로 옮겨간다는 의미입니다. 수도 이전이 사회의 변화와 발전에 미치는 영향은 실로 엄청나다고 할 수 있지요. 그것은 나라가 새롭게 발전할 수 있는 도약의 기회로 작용할 수도 있고, 잘못하면 내부적 혼란과 갈등으로 반목을 촉진시키는 안 좋은 결과를 가져올 수도 있었죠.

* 해답은 예시로 제시된 내용입니다.

**ㄱ**

거란족 63, 71

구법 95, 103

구양수 94, 101

군벌 33

**ㄷ**

당송 팔대가 94, 101

당쟁 97, 100

독서인 24, 84, 97, 107

동진 왕조 88

**ㅁ**

만사설 5, 32

명나라 104

몽골족 37

문종 101

**ㅂ**

봉건 질서 57

붕당 101

**ㅅ**

사농공상 118

사타족 71

성리학 95

성악설 45

『순자』 44, 50

신법 94, 106

**ㅇ**

악왕묘 5, 32, 156

안하무인 125

어불성설 126

5경 131

5호 16국 86
원나라 104
유가 44
은나라 45, 103

ㅈ

『자치통감』 54
장준 5, 32
적청 장군 124
전진 왕조 86
절도사 37, 71, 90, 101
제후 45, 50
주나라 45, 50
『주례』 50
주희 95
중문경무 58, 66
진충보국 34, 145

ㅊ

천자 50
청나라 104
추밀사 124
춘추 전국 시대 45

ㅋ

쿠데타 74, 77

ㅌ

태학 6, 32

ㅎ

황허 강 137

역사공화국 세계사법정 18

# 왜 송나라에서 사대부 사회가 발전했을까?

© 양종국, 2010

초    판 1쇄 발행일  2010년 12월 27일
개정판 1쇄 발행일  2014년 11월 5일
개정판 4쇄 발행일  2021년 7월 6일

지은이      양종국
그린이      이일선
펴낸이      정은영

펴낸곳      (주)자음과모음
출판등록    2001년 11월 28일 제2001-000259호
주소        04047 서울시 마포구 양화로6길 49
전화        편집부 (02) 324-2347  경영지원부 (02) 325-6047
팩스        편집부 (02) 324-2348  경영지원부 (02) 2648-1311
이메일      jamoteen@jamobook.com

ISBN  978-89-544-2418-9 (44900)

• 이 책은 저작권법에 따라 보호받는 저작물이므로 무단 전재와 무단 복제를 금하며,
  이 책 내용의 전부 또는 일부를 이용하려면 반드시 저작권자와 (주)자음과모음의 서면 동의를 받아야 합니다.
  허가를 받지 못한 일부 사진에 대해서는 저작권자가 확인되는 대로 게재 허락을 받고 사용료를 지불하겠습니다.
• 책값은 뒤표지에 표시되어 있습니다.
• 잘못된 책은 교환해드립니다.